教育部国家级一流本科专业建设点环境设计专业建设阶段成果（校经费项目号：3320109620210144）；教育部第二批国家一流本科课程、教育部在线教育研究中心2023"拓金计划"示范课程。

云南健康旅游

理论与实践研究

钟晖 孟帅康 著

中国社会科学出版社

图书在版编目(CIP)数据

云南健康旅游理论与实践研究/钟晖,孟帅康著. —北京:中国社会科学出版社,2024.6
ISBN 978-7-5227-3604-4

Ⅰ.①云… Ⅱ.①钟…②孟… Ⅲ.①旅游保健—旅游业发展—研究—云南 Ⅳ.①F592.774

中国国家版本馆 CIP 数据核字(2024)第 101538 号

出 版 人	赵剑英
责任编辑	张　玥
责任校对	赵雪姣
责任印制	戴　宽

出　　版	中国社会科学出版社
社　　址	北京鼓楼西大街甲 158 号
邮　　编	100720
网　　址	http://www.csspw.cn
发 行 部	010-84083685
门 市 部	010-84029450
经　　销	新华书店及其他书店

印　　刷	北京明恒达印务有限公司
装　　订	廊坊市广阳区广增装订厂
版　　次	2024 年 6 月第 1 版
印　　次	2024 年 6 月第 1 次印刷

开　　本	710×1000　1/16
印　　张	13.5
插　　页	2
字　　数	200 千字
定　　价	79.00 元

凡购买中国社会科学出版社图书,如有质量问题请与本社营销中心联系调换
电话：010-84083683
版权所有　侵权必究

序　言

健康旅游是健康产业与旅游产业融合的新兴旅游形式。健康产业融入旅游产业为旅游产业转型升级提供了一条新路径，为旅游产业可持续发展开启了新篇章。由于健康和旅游两者各自都具有综合性特征，因而对健康旅游发展水平进行评价时指标涉及面较广，环境协同相关产业关联度高，健康旅游发展水平评价就成为在实践上亟待解决的现实问题、理论上需待探讨的学术问题。

本书在系统梳理国内外健康旅游研究相关文献的基础上，阐述了健康旅游的概念、特征、类型、模式等基本理论问题，建构了基于产业驱动、服务融合、环境协同三大动力源的健康旅游发展机理，为健康旅游发展水平测度提供了理论依据。基于以上认识，本书从产业、服务、环境三个分析维度，选取具有代表性的评价指标，采用熵值法、耦合协调模型、社会网络分析、地理探测器相结合的方法，并选择云南省16个州市为案例地，从时间、空间、要素3个层面构建健康旅游发展水平测度模型，对健康旅游发展水平进行了测度，对未来健康旅游发展策略以及规划设计进行研究，从而得出以下5个方面结论。

（1）云南健康旅游进入优化建设阶段。以中国爆发"SARS"（"非典"）疫情为标志，2003—2013年为云南健康旅游发展初始起步阶段；以《云南省康体养生旅游发展专项规划（2014—2020年）》出台为标志，2014—2017年为全面建设阶段；以云南省提出以打造世界一流"健康生活目的地"为标志，2018年至今为优化提升阶段。（2）云南健康旅游发展形成三种模式。稳健型模式，以昆明、曲靖、保山、普洱、楚雄、文山、西双版纳、大理为代表；正 V 型模式，以玉溪、丽江、临沧、红河、德宏、怒江、迪庆为代表；倒 V 型模式，以昭通为代表。(3) 云南健康旅游发展形成三个梯度。第一梯度为优势区，主要指昆明；第二梯度为中等区，包括曲靖、红河、玉溪、西双版纳、德宏、大理、丽江、楚雄；第三梯度为潜在区，包括昭通、保山、普洱、临沧、文山、怒江、迪庆。(4) 云南健康旅游发展聚集成三个中心。以昆明、玉溪为代表的滇中主中心；以丽江、大理为代表的滇西北次中心；以西双版纳、临沧为代表的滇西南次中心。(5) 云南健康旅游驱动因子在转化中，环境质量作为基础性因素，其驱动作用呈现下降趋势；云南省健康旅游驱动因子由服务驱动转向产业驱动，2012 年以前以服务能力（旅游）为驱动主导，2013 年以后产业规模（健康）成为主导驱动因子。

综合以上研究，在实证测度基础上，结合医疗旅游—温泉山谷、健康运动—嘉丽泽、养老宜居—古滇名城、特色产业—斗南花卉、休闲购物—"公园 1903"这 5 个试点教学案例，提出云南健康旅游发展提升路径。在省域全局范围内，制定多力发展、多核发展、多类发展思路；产业发展层面，从产业环境、特色产业、吸引产业投资发力；提升服务能力层面，从服务理念、服务培训、服务质量入手；环境质量层面，提出深耕大环境、改善小环境、培育中环境的策略。为云南打造世界一流"健康生活目的地"提供理论和实践支撑。

钟　晖

2023 年 7 月

目　　录

第一章　绪论 ·· （1）
　第一节　研究背景与意义 ··· （1）
　第二节　研究进展与述评 ··· （5）
　第三节　研究内容与方法 ··· （15）
　第四节　研究思路与框架 ··· （17）

第二章　健康旅游基本理论构建 ·· （19）
　第一节　健康旅游理论基础 ·· （19）
　第二节　健康旅游概念辨析 ·· （23）
　第三节　健康旅游基本内涵 ·· （31）
　第四节　健康旅游发展模式 ·· （36）
　第五节　健康旅游发展机理 ·· （38）

第三章　健康旅游目的地理论探析 ··· （45）
　第一节　健康旅游目的地概念 ··· （45）
　第二节　健康旅游目的地构成 ··· （48）
　第三节　健康旅游目的地运行 ··· （53）

第四章　云南健康旅游测度模型构建 ·· （60）
　第一节　发展现状识别 ·· （60）
　第二节　模型构建思路 ·· （77）

  第三节 指标体系确立 ……………………………………（78）
  第四节 测度评价方法 ……………………………………（82）
  第五节 测度评价模型 ……………………………………（84）

第五章 云南健康旅游发展水平实证 ……………………………（89）
  第一节 发展水平测算 ……………………………………（89）
  第二节 时序演化特征 …………………………………（101）
  第三节 空间差异特征 …………………………………（105）
  第四节 要素驱动特征 …………………………………（109）
  第五节 发展策略研究 …………………………………（112）

第六章 健康旅游规划设计研究 ……………………………………（120）
  第一节 医养旅游试点
      ——温泉山谷 ………………………………（120）
  第二节 健康运动试点
      ——嘉丽泽养生谷 …………………………（136）
  第三节 养老宜居试点
      ——古滇名城 ………………………………（150）
  第四节 特色产业试点
      ——斗南花卉 ………………………………（167）
  第五节 休闲购物试点
      ——公园1903 ………………………………（185）

第七章 结论 …………………………………………………………（199）
  第一节 主要研究结论 …………………………………（199）
  第二节 研究创新与贡献 ………………………………（201）
  第三节 研究局限与展望 ………………………………（202）

参考文献 …………………………………………………………………（204）

第一章　绪论

本章是对全文核心内容的具体介绍。通过研究背景与意义分析，明确研究问题；在对国内外健康旅游发展水平相关研究进行综述的基础上，确定研究课题；进而明确本书的研究内容与方法、思路与框架，为下文进行理论探索和量化构建奠定基础。

第一节　研究背景与意义

一　研究背景

（一）旅游发展新力量：健康旅游成为旅游发展新引擎

健康旅游已成为支撑全球旅游业发展的重要力量。全球健康研究所（Global Wellness Institute，GWI）数据显示，全球健康旅游收入从2015年的5630亿美元上升到2017年的6390亿美元，年平均增长率为6.5%，是整体旅游业年增长率的2倍。健康旅游的发展已成为不可忽视的重要力量，成为支撑旅游业高速发展的重要动力。根据2017年全球各地区健康旅游收入占旅游总收入的比重（见图1-1）可知，健康旅游在全球很多地区均占有较大比例，尤其在北美、欧洲、亚洲表现较为明显，成为全球主要地区旅游收入的重要来源。全球健康旅游收入平均占比为47.72%，已成为旅游发展过程中的一支重要力量。

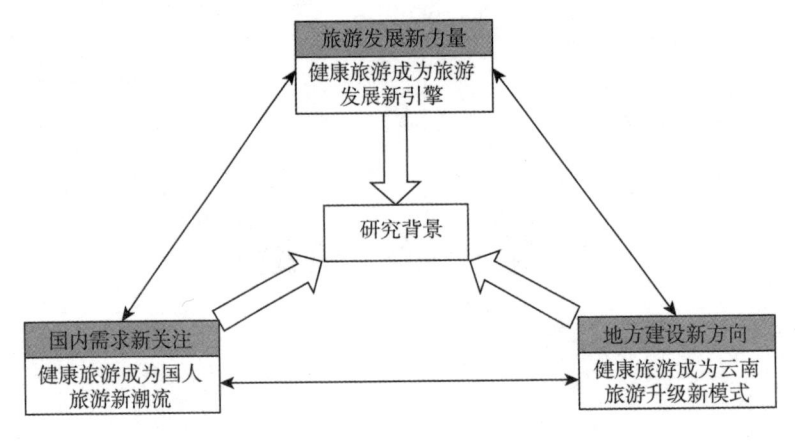

图 1-1　研究背景

（二）国内需求新关注：健康旅游成为国人旅游新潮流

健康旅游的快速发展引起国人的普遍关注。2003 年"非典"之后，国人对健康关注度普遍提高，在保证基本健康状况的前提下，开始寻求健康的旅游目的地，来进一步提升自身的健康水平。根据 2018 年全球健康旅游消费排名情况（见表 1-1），中国已成为全球健康旅游消费人数最多的国家，远远超过排名前两位的美国和德国，但相对于中国总人口，健康旅游的消费人数远低于排名靠前的日本等国家，健康旅游消费仍有很大上升空间。中国健康旅游消费水平还较低，虽然总支出处于全球第三位，但人均支出远低于很多国家。健康旅游的发展使国人有机会接触到更多的健康产品，不断增长的健康需求与旅游需求，引发了健康旅游需求的上升。

表 1-1　2018 年全球健康旅游消费排名情况

排名	国家	消费人数（万人）	支出（亿美元）
1	美国	176.5	226
2	德国	66.1	65.7
3	中国	7020	31.7
4	法国	3240	30.7
5	日本	4050	22.5

续表

排名	国家	消费人数（万人）	支出（亿美元）
6	奥地利	1680	16.5
7	印度	5600	16.3
8	加拿大	2750	15.7
9	英国	23.2	13.5
10	意大利	13.1	13.4

资料来源：根据2018 Global Wellness Tourism Economy 整理。

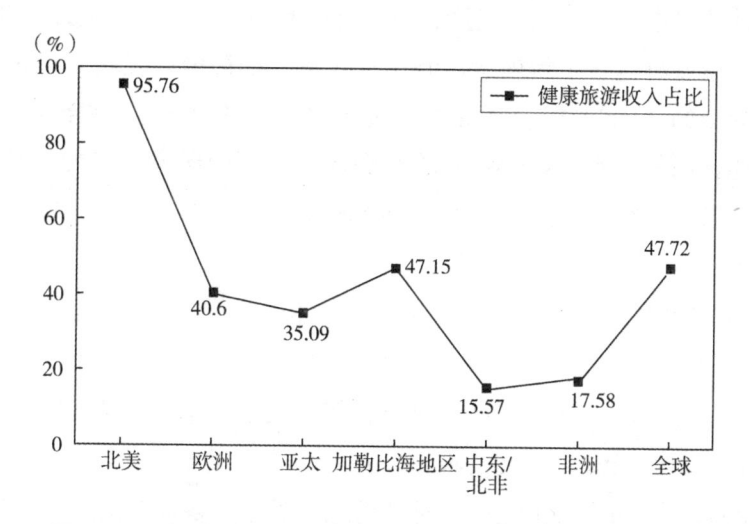

图1-2 2017年全球各地区健康旅游收入占旅游总收入的比重

资料来源：根据2018 Global Wellness Tourism Economy 整理。

（三）地方建设新方向：健康旅游成为云南旅游新模式

健康旅游对云南省旅游业转型升级的影响巨大。2017年，国务院发布《关于促进健康旅游发展的指导意见》，提出建设健康旅游示范基地，打造国际健康旅游目的地。之后，国家首批13家健康旅游示范基地启动，为国际健康旅游目的地建设探索经验。随着国家层面的不断重视，广西、海南、山东等地纷纷提出建设健康旅游目的地的方案，健康旅游在全国范围内发展起来。2018年云南省在"两会"中提出"打好三张绿色牌"，以推动经济发展，其中"健康生活目的地牌"和

"绿色食品牌"符合云南旅游业全面转型升级的要求,体现出云南省对发展健康旅游的迫切需求。然而,由于对健康旅游目的地认识不清晰和云南省各州市旅游发展方向不明确,致使各州市"打造绿色牌"与旅游发展并没有紧密结合,普遍存在定位不清、发展乏力的问题。

基于以上分析,健康旅游已成为旅游发展的重要力量,对其研究已成为一个重要课题。发展健康旅游,最突出的问题是如何衡量和评价一个区域的健康旅游发展水平与效果。探索健康旅游的评价问题有助于认清健康旅游的发展情况,并为健康旅游的未来发展提供指引。虽然健康旅游是一个新理念,但在实践中"如何健康发展"已成为旅游发展中的"老问题",更是实现旅游产业与健康产业融合发展的重要问题。因此,本书对健康旅游发展水平的评价研究,实质上是从健康和旅游相融合的角度来探讨区域旅游业的发展。

二　研究意义

(一) 理论意义

对健康旅游发展水平进行研究,将有助于加深从业者对健康旅游的认识和对健康旅游发展的理解。在现有文献的基础上,本书对健康旅游的基本内涵进行了探析,对其概念、类型、特征、模式进行梳理、归纳和总结。基于此,本书通过对健康旅游发展机理的初步探析,提出了产业驱动、服务融合、环境协同三大动力源,对其演化过程和发展逻辑进行具体分析,并从产业、服务、环境三个维度建立健康旅游发展评价指标体系,构建发展水平测度模型,对从业者和相关研究者理解健康旅游的发展过程有一定的帮助。

(二) 实践意义

本书对云南省健康旅游的发展水平进行测度,将对云南省健康旅游发展有一定的促进作用。伴随健康旅游的发展,对其发展水平评价成为一个急待解决的重要问题。借鉴其他旅游类型的发展评价,结合健康旅游融合发展的特点,本书借助熵值法和耦合协调模型、空间自相关、社会网络分析、地理探测器结合的方式对健康旅游发展水平进行测量，从产业、服务、环境三大动力源和时间、空间、要素三个层面出发，构建健康旅游发展水平评价模型，对提升健康旅游发展水平有一定的参考价值。此外，本书通过对云南省健康旅游发展水平的测度，了解了云南省健康旅游发展模式、发展类型、空间差异、发展动力等，对云南省健康旅游发展提供了理论依据。

第二节　研究进展与述评

作为一种旅游形式，健康旅游已有漫长的发展历史，并在历史中经历了3次健康与旅游的融合。在旅游产生的早期，原始社会的人类迁徙活动即源自生命健康的需求，自此健康和旅游开始密不可分。数千年前的古埃及、古希腊和古罗马，健康和旅游第一次融合形成养生旅游。[1] 之后，限于生产力发展缓慢，健康旅游长期依赖自然健康资源，并由于资源稀缺，健康旅游仅服务于少量特权阶层。工业革命后，人类生产力大幅提升，健康和旅游第二次融合形成了医疗旅游。医疗技术的发展给更多人获得健康的机会，使健康旅游脱离原有自然的束缚，更多服务于有条件参与医疗活动的人群，并形成一些著名的旅游目的地。1997年亚洲金融危机后，大众健康需求逐步被发现，健康和旅游第三次融合形成保健旅游。[2] 保健技术的产业化和交通方式的便利，扩大了大众需求半径，使发展中国家有机会通过吸引医疗集团建立完备的保健体系，进而吸引更多人前来参与旅游活动。2008年国际金融危机后，人们的健康需求愈加强烈，养生旅游、医疗旅游、保健旅游等具体形态在全球范围内获得迅速发展。截至目前，全球有超过50个国家将与健康相关的旅游业视为"国家工

---

[1] Reisman, David A., *Health Tourism: Social Welfare through International Trade*, Edward Elgar Publishing, 2010.

[2] Henderson, Joan C., "Healthcare Tourism in Southeast Asia", *Tourism Review International*, Vol. 7, No. 3, 2003, pp. 111 – 121.

业",并制定了一系列激励措施鼓励其发展。① 全球健康研究所数据显示,全球健康旅游消费从2015—2017年增长了6.5%,是旅游业整体增长率的2倍多。② 健康与旅游三次融合满足了不同群体的需求,产生了巨大的消费市场,使健康旅游受到全世界的广泛关注。

伴随健康旅游关注度逐渐上升,很多医学、社会学、经济学、营销学、管理学等背景的国内外学者对其产生了浓厚兴趣。学者们从发展渊源、经济影响③、市场营销④、疾病干预⑤、相关威胁⑥、目的地管理、客源国市场⑦等角度广泛讨论。国内外相关健康旅游研究并不同步,国外研究要先于国内。国外健康旅游研究始于20世纪80年代,国内的则起步较晚,相关研究稍滞后于国外。2001年,原国家旅游局推出"中国体育健身游"的主题活动,"健康旅游"的概念在我国首次出现。2003年的"非典"之后,人们对健康问题的关注持续上升。结合研究目的,本节在对健康旅游相关文献梳理的基础上,对健康旅游的内涵、评价、开发等研究进行综述。

一 健康旅游内涵研究

从相关文献来看,国内外对健康旅游的内涵研究较多,主要研究包含健康旅游概念、类型、特征。

---

① Gahlinger, Paul, M., *The Medical Tourism Travel Guide*: *Your Complete Reference to Top-quality, Low-cost Dental, Cosmetic, Medical Care & Surgery Overseas*, Sunrise River Press, 2008.

② Mcgroarty, Beth, "2018 Global Wellness Economy Monitor", https://globalwellnessinstitute.org/press-room/press-releases/wellness-now-a-4-2-trillion-global-industry, 2019.

③ Álvarez, Melisa Martínez, Richard, D., Smith and Rupa Chanda, *Medical Tourism and Transnational Health Care*, Connecticut: Palgrave Macmillan, 2013, pp. 208 – 222.

④ R. Bushell, P. Sheldon Eds., *Wellness and Tourism: Mind, Body, Spirit, Place*, New York: Cognizant Communication Corporation, 2009, pp. 125 – 127.

⑤ Konu, Henna, Anja Tuohino and Raija Komppula, "Lake Wellness-a Practical Example of a New Service Development (NSD) Concept in Tourism Industries", *Journal of Vacation Marketing*, Vol. 16, No. 2, 2010, pp. 125 – 139.

⑥ N. Lunt, D. Horsfall D. Hanefield, *Handbook Medical Tourism and Patient Mobility*, Cheltenham: Edward Elgar Publishing, 2015, pp. 193 – 206.

⑦ Turner, Leigh, *Medical Tourism and Transnational Health Care*, Springer, 2013, pp. 151 – 178.

(一) 健康旅游概念

在健康旅游概念方面，国外学者已有很多成熟的观点（见表1-2），相关研究主要从供给和需求两个角度开展。从供给角度来看，健康旅游是通过提供健康产品来吸引旅游者进行旅游的一种形式。1973年，世界旅游组织（United Nations World Tourism Organization，UNWTO）将健康旅游定义为利用国家自然资源以及所提供一些健康设施来开展的旅游活动[①]；古德里奇（Goodrich）1994年认同此观点，并将保健服务列为健康产品之一。从需求角度来看，健康旅游是满足健康需求的一种旅游活动。芬尼库姆（Finnicum）和泽格（Zeiger）于1996年提出了健康包含身体、智力、社会、精神和环境5个方面。穆勒（Mueller）等提出健康旅游是以维持和促进健康为目的的人们旅行和停留所引发的所有关系的现象总和。迪达斯卡鲁（Didaskalou）等提出健康旅游是介于医疗和旅游之间的产品。史密斯（Smith）提出了健康旅游需求的最终目的是提高生命质量。卡雷拉（Carrera）和布里奇斯（Bridges）于2016年提出了健康需求包含维持、增强和恢复3个方面。霍弗（Hofer）、玛纳（Manna）等于2019年提出了健康旅游需要健康和旅游的融合。

表1-2　国外学者对健康旅游概念的理解

作者	时间（年）	观点
古德里奇（Goodrich）[②]	1994	健康旅游是通过旅游设施或旅游目的地充分设计和利用除常规的旅游活动之外的保健设施与服务来吸引游客
芬尼库姆（Finnicum）等[③]	1996	健康旅游包含身体、智力、社会、精神和环境5个方面

[①] Hall, C. Michael, "Health and Medical Tourism: a Kill or Cure for Global Public Health?", *Tourism Review*, Vol. 66, No. 1/2, 2011, pp. 4 – 15.

[②] Goodrich, J. N. and M. Uysal, "Health Tourism: a New Positioning Strategy for Tourist Destinations", *Journal of International Consumer Marketing*, Vol. 6, No. 3 – 4, 1994, pp. 227 – 238.

[③] Finnicum, Paul and J. C. Zeiger, "Tourism and Wellness: A Natural Alliance in a Natural State", *Parks and Recreation*, Vol. 31, No. 9, 1996, pp. 84 – 90.

续表

作者	时间（年）	观点
穆勒（Mueller）等[1]	2001	健康旅游是以维持和促进健康为目的的人们旅行和停留所引发的所有关系和现象的总和
迪达斯卡鲁（Didaskalou）等[2]	2003	健康旅游是介于医疗（系统的医疗设施设备）和旅游（多元化的、休闲导向的）之间的产品
卡雷拉（Carrera）等[3]	2006	健康旅游是一种在常住地之外维持、增强或恢复心理和身体健康的有组织的旅行活动
史密斯（Smith）等[4]	2009	健康旅游是使旅游者生命质量提高的一种旅游方式
霍弗（Hofer）等[5]	2012	健康旅游是将休闲与追求健康的目的相结合的一种活动
玛纳（Manna）等[6]	2019	健康旅游是一种将健康和旅游结合以增进健康的活动

资料来源：笔者根据研究整理。

国内学者对健康旅游概念的关注也很多，主要存在3种观点：目的论、过程论和结果论。第一种观点是目的论，是指需求动机的有益性。白鸥（2010）认为健康旅游是介于医疗和旅游之间的一种产品[7]；薛群慧等在《健康旅游概论》一书中将健康旅游定义为依托于生态环境和休闲养生活动的专项旅游产品[8]；杨荣斌（2014）认为健康旅游是以促进

---

[1] Mueller, Hansruedi and Eveline Lanz Kaufmann, "Wellness Tourism: Market Analysis of a Special Health Tourism Segment and Implications for the Hotel Industry", *Journal of Vacation Marketing*, Vol. 7, No. 1, 2001, pp. 5 – 17.

[2] Didaskalou, Eleni A. and Panagiotis Nastos, "The Role of Climatic and Bioclimatic Conditions in the Development of Health Tourism Product", *Anatolia: an International Journal of Tourism and Hospitality Research*, Vol. 14, No. 2, 2003, pp. 107 – 126.

[3] Carrera, Percivil M. and John Fp Bridges, "Globalization and Healthcare: Understanding Health and Medical Tourism", *Expert Review of Pharmacoeconomics & Outcomes Research*, Vol. 6, No. 4, 2014, pp. 447 –454.

[4] Smith, Melanie and László Puczkó, *Health and Wellness Tourism*, Routledge, 2008.

[5] Hofer, Susanne, Franziska Honegger and Jonas Hubeli, "Health tourism: Definition Focused on the Swiss Market and Conceptualisation of Health (i) ness", *Journal of Health Organization and Management*, 2012.

[6] Manna, Rosalba, Mauro Cavallone and Maria Vincenza Ciasullo, et al., "Beyond the Rhetoric of Health Tourism: Shedding Light on the Reality of Health Tourism in Italy", *Current Issues in Tourism*, 2019, pp. 1 – 15.

[7] 参见白鸥《健康旅游研究综述》，《旅游研究》2010年第3期。

[8] 参见薛群慧、卢继东、杨书侠编著《健康旅游概论》，科学出版社2014年版，第50页。

健康为诉求的旅游活动。① 第二种观点是过程论,强调旅游过程的健康性。郭鲁芳和虞丹丹(2005)对健康旅游的一些基本问题进行探究,认为健康旅游是消解处于健康与疾病之间的第三种状态的方式②;周晓琴等(2017)认为健康旅游是满足人们健康需求的旅游产品③;张希等(2018)认为健康旅游是为了满足健康需求而产生的所有关系和现象的总和。④ 第三种观点是结果论,强调旅游结果的健康性。卢丹梅(2004)提出健康旅游是一切可获得有益收获的旅游活动⑤;李东(2016)认为健康旅游是以自然环境和历史文化为背景,实现改善、增进和保持旅游者健康的活动⑥;陈纯(2018)认为健康旅游是通过旅游获得健康的一种形式。⑦ 此外,健康旅游也出现了一些相关概念,例如康体旅游、保健旅游、健身旅游等。⑧ 罗明义等(2017)提出了大健康旅游的概念,即为促进身心健康所提供的所有产品、服务和环境的总和。⑨

(二) 健康旅游类型

在健康旅游类型方面,学者们仍存在一定的争议。国外时尚旅游(2006)认为健康旅游包含保健旅游、美容旅游和医疗旅游。2009年,国际货币基金组织的《国际收支和国际投资手册》在编制旅游支出统计数据时只针对医疗旅游,而没有提到健康旅游,但将健康理解为一个"伞形结构",即包含更多的内容;阿雷拉诺(Arellano,2007)、赫布尔(Helble,2011)、香(Heung,2013)等学者也认同这种解释,

---

① 参见杨荣斌《健康旅游理论初步研究——对相关概念范畴的辨析》,《长春理工大学学报》(社会科学版)2014年第3期。
② 参见郭鲁芳、虞丹丹《健康旅游探析》,《北京第二外国语学院学报》2005年第3期。
③ 参见周晓琴、明庆忠、陈建波《山地健康旅游产品体系研究》,《资源开发与市场》2017年第6期。
④ 参见张希、林立、杨昕《健康中国背景下健康旅游示范基地的形象感知研究——以福建平潭为例》,《湖州师范学院学报》2018年第10期。
⑤ 参见卢丹梅《健康旅游规划之初探》,《四川建筑》2004年第4期。
⑥ 参见李东《论健康旅游的类型、市场和概念》,《国土与自然资源研究》2016年第1期。
⑦ 参见陈纯《常州健康旅游发展策略研究——基于政府、游客和当地居民视角》,《淮海工学院学报》(人文社会科学版)2018年第2期。
⑧ 参见陈纯《国内外康养旅游研究综述》,《攀枝花学院学报》2019年第4期。
⑨ 参见罗明义、罗冬晖《关于发展"大健康旅游"之我见》,《旅游研究》2017年第2期。

将健康旅游分为"Medical Tourism"和"Wellness Tourism"①。关于健康旅游类型，国内学者也对其进行初步探讨。王艳等（2007）从具体功能方面将健康旅游划分为医疗养生、休闲调整、增强体质、自我实现四种类型②；吴之杰等（2014）依据健康概念将健康旅游划分为身体促进型、心理促进型、社会适应型三种类型③；李冬（2016）从旅游动机出发将健康旅游划分为主动追求型和被动追求型两种类型④；毛晓莉和薛群慧（2012）从具体内容将健康旅游划分为保健旅游和医疗旅游⑤；单亚琴等（2015）从业态内容出发将健康旅游划分为养生文化、宗教体验、医疗保健、温泉疗养、森林休闲、山地健身等类型⑥；李慧芳等（2017）根据不同的健康需求将健康旅游划分为恢复健康型、延续健康型和丰富健康型三类。⑦

（三）健康旅游特征

在健康旅游特征方面，学者们也产生了很多观点。国外部分学者提出健康旅游具有跨区域性。乔等（Chow et al., 2015）认为国际健康旅行可更准确地解释这种活动。⑧ 也有部分学者认为健康旅游具有治疗性。康奈尔等（Connell et al., 2013）认为很多健康旅游的参与者主要是出于治疗需要，而不是购物的旅游者和愉悦的度假者⑨；拉

---

① Heung, Vincent C. S. and Deniz Kucukusta, "Wellness Tourism in China: Resources, Development and Marketing", *International Journal of Tourism Research*, Vol. 15, No. 4, 2013, pp. 346–359.

② 参见王艳、高元衡《健康旅游概念、类型与发展展望》，《桂林旅游高等专科学校学报》2007年第6期。

③ 参见吴之杰、郭清《我国健康旅游产业发展对策研究》，《中国卫生政策研究》2014年第3期。

④ 参见李东《论健康旅游的类型、市场和概念》，《国土与自然资源研究》2016年第1期。

⑤ 参见毛晓莉、薛群慧《国外健康旅游发展进程研究》，《学术探索》2012年第11期。

⑥ 参见单亚琴、姚国荣《国内健康旅游研究综述》，《牡丹江大学学报》2015年第7期。

⑦ 参见李慧芳、杨效忠、刘惠《健康旅游的基本特征和开发模式研究》，《皖西学院学报》2017年第5期。

⑧ Chow, Chi Lei Julie, Guilherme D. Pires and Philip J. Rosenberger Iii, "Towards a Rigorous Conceptual Framework for Examining International Medical Travel", *International Journal of Behavioural and Healthcare Research*, Vol. 5, No. 1–2, 2015, pp. 88–103.

⑨ Connell, John, "Contemporary Medical Tourism: Conceptualisation, Culture and Commodification", *Tourism Management*, Vol. 34, 2013, pp. 1–13.

夫洛克等（Lovelock et al., 2018）认为健康旅游者主要参与医疗活动，而不是旅游活动。[1] 国内学者薛群慧和白鸥（2015）在对健康旅游概念进行深入探讨之后，系统性地提出了健康旅游的特征，包含生态性、复合性、康复性、文化性、技术性与高收益性6大特征[2]；在此基础上，李慧芳（2017）总结出健康旅游具有生态性、地域性、康复性、复合性、文化性5个基本特征。

二 健康旅游评价研究

（一）发展评价

从相关文献来看，国内对健康旅游评价研究较多，主要包括评价内容、评价方法、评价指标。在评价内容方面，主要包括资源评价、竞争力评价、适宜性评价、潜力评价。孔令怡等（2017）从自然环境、旅游资源、社会经济、可达性4个方面构建了养生旅游适宜性评价指标[3]；陆晓梅等（2017）对森林养生旅游开发潜力进行了评价。[4] 在评价方法方面，研究方法主要包括模糊数学法、结构方程、多元线性回归模型、层次分析法、主成分分析法、德尔菲法、熵权法等，层次分析法（IPA）和主成分分析法（AHP）是最常用的方法。在评价指标方面，学者已进行过很多探讨。杨懿等（2015）从旅游价值、环境价值、开发价值3个方面对养生旅游资源评价进行了探讨[5]；陈建波和明庆忠（2018）通过改进层次分析法从景观价值、健康价值、环境条件和开发条件4个方面对健康旅游资源评价进行了

---

[1] Lovelock, Brent and Kirsten Lovelock, "We Had a Ball…as Long as You Kept Taking Your Painkillers Just How Much Tourism Is There in Medical Tourism? Experiences of the Patient Tourist", *Tourism management* (1982), Vol. 69, 2018, pp. 145–154.

[2] 参见薛群慧、白鸥《论健康旅游的特征》，《思想战线》2015年第6期。

[3] 参见孔令怡、吴江、曹芳东《环渤海地区沿海城市滨海养生旅游适宜性评价研究》，《南京师大学报》（自然科学版）2017年第2期。

[4] 参见陆晓梅、张鑫、高淑春《森林养生旅游开发潜力评价研究》，《林业经济问题》2017年第1期。

[5] 参见杨懿、田里、胥兴安《养生旅游资源分类与评价指标体系研究》，《生态经济》2015年第8期。

研究①；杨晓敏（2018）从资源、市场、支撑3个方面构建了中医药健康旅游发展潜力评价模型②；孙源源等（2019）借助波特的钻石模型从要素、需求、支撑产业、竞争、政府支持5个方面对江苏省中医药健康旅游的竞争力进行了评价，并提出了具体的对策。③

（二）影响评价

由于健康关系到每个人，健康旅游的影响开始受到民众的广泛关注。在经济方面，健康旅游业发展对经济增长有促进作用；同时也会产生对公共医疗部门造成"挤出效应"，导致工人生产率下降，从而对经济造成负面影响。④ 在社区福利方面，健康旅游业发展带动了优质医疗保健资源的发展，对医疗设施整体质量有促进作用，但也会降低低收入者的医疗机会。⑤ 在公共医疗系统方面，健康旅游会补充现有的医疗资源，也会造成"双层卫生系统""内部人才流失""专科多综合少"等现象。

三 健康旅游开发研究

（一）开发策略

从相关文献来看，国内外对健康旅游发展的研究，主要集中在发展模式、发展影响、发展对策3个方面。在健康旅游发展模式方面，部分学者已有部分研究成果。李慧芳等（2017）提出了原生态化、一区一品、"互联网+健康+旅游"、资源深度融合四种健康旅

---

① 参见陈建波、明庆忠《基于改进层次分析法的健康旅游资源评价研究》，《地理与地理信息科学》2018年第4期。

② 参见杨晓敏《浙江省中医药健康旅游发展潜力评价研究》，硕士学位论文，浙江师范大学，2018年。

③ 参见孙源源、陈浩、倪雯洁等《江苏省中医药健康旅游竞争力实证分析及策略研究》，《亚太传统医药》2019年第10期。

④ Beladi, Hamid, Chi-Chur Chao and Mong Shan Ee, et al., "Does Medical Tourism Promote Economic Growth? A Cross-Country Analysis", *Journal of Travel Research*, Vol. 58, No. 1, 2019, pp. 121 – 135.

⑤ Suess, Courtney, Seyhmus Baloglu and James A. Busser, "Perceived Impacts of Medical Tourism Development on Community Wellbeing", *Tourism Management*, Vol. 69, 2018, pp. 232 – 245.

游发展模式。① 在健康旅游发展影响方面，国外学者探讨较多。博格等（2018）通过对传统旅游目的地研究发现，健康旅游业通常需要非营利组织与营利组织共同构成，兼具有产业和事业的性质②；苏斯等（2018）从社会保障层面发现，健康旅游发展将带动优质医疗保健资源的开发，对医疗设施整体体验质量有促进作用，同时也可能会减少低收入者的医疗机会；贝拉迪（Beladi，2019）从经济层面进行研究得出，健康旅游发展将会对经济增长有促进作用，但也会对公共医疗部门形成"挤出效应"，导致工人生产率下降，从而对经济造成负面影响③。在健康旅游发展对策方面，李继国和张圣海（2008）对恩施州建立中国健康旅游基地的条件进行了 SWOT 分析，并为此提出了整合资源、增加投入、区域合作、人才培养、宣传促销的开发建议④；薛群慧和邓永进（2011）通过对云南少数民族地区健康旅游资源的研究，提出了云南健康旅游资源开发的产品开发、人才培养、配套项目、宣传促销战略⑤；吴之杰和郭清（2014）对我国开展健康旅游的情况进行分析，并从规划、政策、服务、宣传等方面提出了相应的对策。⑥

（二）开发业态

健康旅游并不是单一的封闭形态，可以开发出很多具体的新业态。国外很多学者已对温泉旅游等具体形态进行了大量研究，开始涉及一些健康旅游新业态。有学者探究了瑜伽旅游中情感反应与整

---

① 参见李慧芳、杨效忠、刘惠《健康旅游的基本特征和开发模式研究》，《皖西学院学报》2017 年第 5 期。

② Borg, Erik A. and Kjell Ljungbo, "International Market-oriented Strategies for Medical Tourism Destinations", *International Journal of Market Research*, Vol. 60, No. 6, 2018, pp. 621 – 634.

③ Beladi, Hamid, Chi-Chur Chao and Mong Shan Ee, et al., "Does Medical Tourism Promote Economic Growth? A Cross-Country Analysis", *Journal of Travel Research*, Vol. 58, No. 1, 2019, pp. 121 – 135.

④ 参见李继国、张圣海《恩施州构建中国健康旅游基地战略选择与可持续发展研究》，《湖北民族学院学报》（哲学社会科学版）2008 年第 4 期。

⑤ 参见薛群慧、邓永进《论云南少数民族地区健康旅游资源开发战略》，《云南民族大学学报》（哲学社会科学版）2011 年第 5 期。

⑥ 参见吴之杰、郭清《我国健康旅游产业发展对策研究》，《中国卫生政策研究》2014 年第 3 期。

体目的地形象、满意度、行为意图的相互关系[1]；有学者基于新西兰牙科医生的角度分析了牙科旅游对个体从业者、商业实践以及牙科保健系统的影响[2]；也有学者通过对罗马尼亚健康旅游现象的调查填补了婴儿旅游的研究空白。[3] 与此同时，国内也对健康旅游具体形态进行了一定程度的研究，主要集中在温泉旅游、森林旅游、避暑旅游、避寒旅游、中医药旅游等方面，但对新业态的涉及较少。在实践过程中，健康旅游已衍生出长寿旅游、美容旅游、生殖旅游等新形态。

四 相关文献研究述评

通过国内外文献梳理可发现，健康旅游的相关研究存在着"不成熟、不系统、量化少"的特点，具体可从视角、内容、方法等方面进行说明。从研究角度来看，健康旅游研究主要是旅游学者在推动，同时也有很多医学领域、社会学领域的学者对其保持浓厚的兴趣。从研究内容来看，健康旅游的基础研究仍很薄弱，对其认识仍存在很多不清晰的地方，缺少对健康旅游规律的进一步探索。从研究方法来看，国外有学者通过多元相关模型来探讨健康旅游的影响，也有通过调查问卷来分析旅游者的具体需求，但总体使用较少；国内的研究更多囿于资源评价方面，对其他方面的研究相对较少。

综上所述，健康旅游研究尚处于初期，相关研究较少，尤其是发展水平的研究几乎处于空白。[4] 本书从健康旅游的内涵研究出发，对

---

[1] Sharma, Pramod and Jogendra Kumar Nayak, "Testing the Role of Tourists' Emotional Experiences in Predicting Destination Image, Satisfaction, and Behavioral Intentions: A Case of Wellness tourism", *Tourism Management Perspectives*, Vol. 28, 2018, pp. 41–52.

[2] Lovelock, Brent, Kirsten Lovelock and Karl Lyons, "The Impact of Outbound Medical (dental) Tourism on the Generating Region: New Zealand Dental Professionals' Perspectives", *Tourism Management*, Vol. 67, 2018, pp. 399–410.

[3] Gabor, Manuela Rozalia and Flavia Dana Oltean, "Babymoon Tourism Between Emotional Well-being Service for Medical Tourism and Niche Tourism, Development and Awareness on Romanian Educated Women", *Tourism Management*, Vol. 70, 2019, pp. 170–175.

[4] 参见杨振之《中国旅游发展笔谈——旅游与健康、养生》，《旅游学刊》2016年第11期。

健康旅游理论进行系统性构建，将在一定程度上有助于健康旅游理论的发展，填补健康旅游研究系统性不足的问题。在此基础上，通过对旅游发展水平的研究，建立对健康旅游发展的客观认识，从理论上助力各个地方的健康旅游发展。

第三节　研究内容与方法

一　研究内容

本书研究内容主要包括以下几个部分。

（一）绪论。包括研究背景与研究意义、文献综述与研究思路、研究框架与研究方法等内容，为后面的理论分析打下基础。

（二）基础理论与相关概念探析。基础理论应用包括产业融合理论、资源禀赋理论、健康地理学理论、可持续发展理论等相关理论；对健康旅游的内涵、类型、特征、模式等进行理论探索，构建健康旅游发展理论框架。

（三）云南省健康旅游发展现状与问题。分析云南省发展健康旅游的必要性，从产业、服务、环境三个方面对全省各州市健康旅游的发展情况进行梳理，分析健康旅游发展存在的问题，以增强对研究区域的认识。

（四）云南省健康旅游发展水平测度模型。根据健康旅游的发展，从产业、服务、环境三个维度建立评价指标体系，并从发展水平测量和度量两个层次来建构健康旅游的评价模型。

（五）云南省健康旅游发展水平实证研究。借助云南省各州市的发展数据，对云南省健康旅游发展水平进行空间和要素分析，从而得出云南省各州市健康旅游发展水平评价结论。

（六）云南省健康旅游发展水平提升路径。从全局、产业、服务、环境四个方面构建健康旅游的提升路径，形成系统的发展策略，并在此基础上提出具有针对性的发展建议。

（七）结论与展望。对云南省健康旅游发展水平评价进行总结，得出发展结论，并对本书的创新点进行梳理，分析存在的不足，对未来研究提出设想。

二　研究方法

（一）文献研究法

通过查阅国内外健康旅游的相关文章、书籍、报告等文献开展研究。本书借助文献研究法，对健康旅游相关文献进行综述，了解健康旅游的研究现状，结合相关的书籍、报告、新闻报道等，增加对健康旅游发展情况的了解。在此基础上，对相关文献进行梳理，分析健康旅游的发展机理，形成健康旅游的基本理论框架。

（二）深度访谈法

通过与国内外健康旅游相关的专家、游客、经营者等访谈来获取健康旅游发展的实际情况。本书借助深度访谈法，将理论与实践相结合，与专家、游客、经营者等进行深度交谈，了解健康旅游发展的真实情况，弥补理论建构方面的不足，并对健康旅游评价指标进行深度考察，征求专家的意见，对指标进行修订和筛选，形成健康旅游评价指标体系。

（三）统计计量法

通过采用熵值法、SPSS、Stata 等统计分析软件或方法对原始数据进行处理，对健康旅游发展水平评价指标的权重进行计算，从而得出发展水平评价结果。在此基础上，根据统计方法，构建健康旅游发展水平评价模型，从而得出云南省 18 个州市的健康旅游发展指数，计算各个要素指标对健康旅游发展的影响。

（四）空间分析法

通过 ArcGIS 等地理分析技术对数据进行可视化处理或空间分析。本书借助空间分析法，使用 ArcGIS 中的分析工具对健康旅游发展指数进行全局自相关分析、局域自相关分析，以探求健康旅游在各个研究区域的发展情况,并使用 ArcMAP 进行可视化呈现,以更加直观地描述各个研究区域所具备的健康旅游发展优势和劣势,提出有针对性的提升建议。

第四节 研究思路与框架

一 研究思路

本书研究思路具体包括以下几个步骤:首先,通过对研究背景和国内外相关文献的分析,提出研究问题,确定研究选题;其次,对健康旅游相关理论进行系统梳理,厘清健康旅游的基本内涵和发展机理;再次,在对云南省健康旅游发展现状和问题分析的基础上,建立健康旅游发展水平测度模型,对云南省健康旅游发展进行实证研究;最后,针对云南省健康旅游发展水平综合评价结果,对健康旅游提升路径进行探讨。

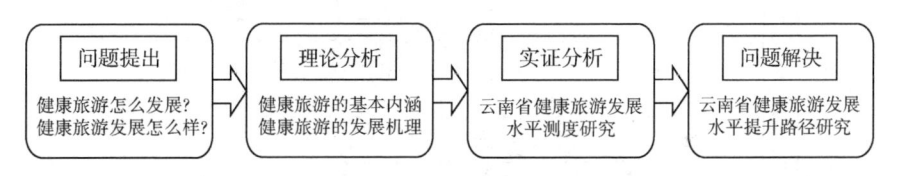

问题提出	理论分析	实证分析	问题解决
健康旅游怎么发展? 健康旅游发展怎么样?	健康旅游的基本内涵 健康旅游的发展机理	云南省健康旅游发展 水平测度研究	云南省健康旅游发展 水平提升路径研究

图 1-3 研究思路图

二 研究框架

按照"问题提出—理论分析—实证分析—问题解决"的研究思路,在综合各个部分研究内容基础上,确定以下研究框架,具体研究技术路线如图 1-4 所示。

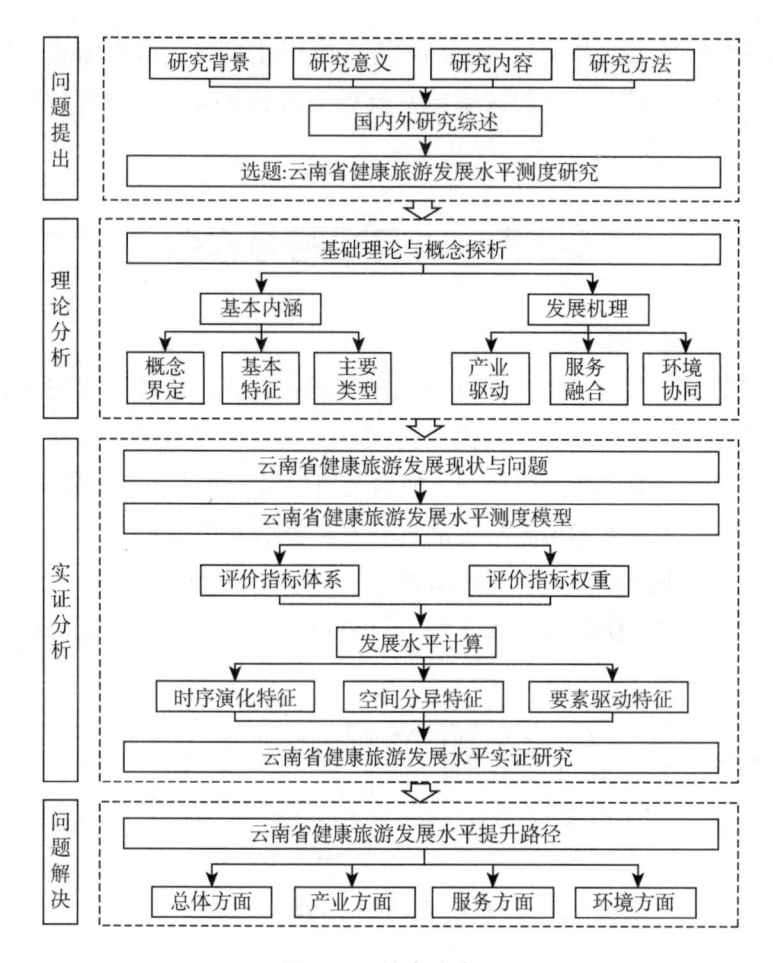

图 1-4　技术路线图

第二章 健康旅游基本理论构建

本章是对相关基础理论的介绍及健康旅游概念的探析，通过查阅相关文献，对健康旅游基本内涵进行分析，厘清其概念、类型、特征及发展模式等内容，探索健康旅游的发展机理，从产业驱动、服务融合、环境协同三个方面阐述发展机理。

第一节 健康旅游理论基础

与健康旅游相关的理论研究有经济学、地理学、卫生学等。其中，具体的理论包括产业融合理论、资源禀赋理论、健康地理学理论、可持续发展理论等。

一 产业融合理论

产业融合的概念最早出现在计算机及网络技术领域，在解决数字技术出现而导致的产业交叉问题时被首次提出。[①] 1978年，麻省理工学院（MIT）的学者尼古路庞特（Negrouponte）使用重叠圆圈来代表计算、印刷和广播的技术边界，认为交叉处将成为发展最快

---

① 参见马健《产业融合理论研究评述》，《经济学动态》2002年第5期。

的领域。① 伴随技术革新以及产业壁垒的打破，不同产业或同一个产业不同部门之间不断进行相互渗透、交叉、重组，构成了产业融合的最基本形式。产业融合理论的核心观点是"产业边界"问题，相关专家认为在内外因素作用下，产业边界不断收缩、模糊甚至消失，将会产生新的经济增长点，进一步推动新兴产业的发展。② 目前，产业融合理论的适用范围进一步扩大，已在旅游领域有很多发展。旅游产业融合是由旅游产业内部或与其他产业融合形成的，相较于其他产业，具有更强的融合性，在融合动力、融合路径、融合模式、融合机制等方面已有了一定的研究成果。③

产业融合理论诠释了不同产业之间的关系，为解释健康旅游的产生和发展提供了重要启示。健康旅游的产生源于产业需求的变化，促使健康产业与旅游产业相结合，以满足人们的"多重需求"，其发展也依赖于产业融合，产业融合将打破产业之间的壁垒，增加新的产业动能，创造新的产业机会。

二 资源禀赋理论

资源禀赋理论最早起源于20世纪初期，由瑞典著名经济学家赫克歇尔（Eli F. Heckscher，1879—1959）提出。④ 资源禀赋理论是以简单化、抽象化的模型为设定条件提出的国际贸易理论，通常有狭义和广义两种核心观点。狭义的观点认为在以相对禀赋差异为出发点，并限定生产技术的前提下，生产产品的价格差异最终取决于生产要素的丰裕程度；广义的观点认为在限定技术、价格等要素的情况下，国际贸易取决于生产要素的禀赋。作为以旅游资源为主要核心竞争力的旅游

---

① Brand, Stewart, *The Media Lab: Inventing the Future at MIT*, New York, N. Y: Viking, 1987.
② 参见苏东水《产业经济学》，高等教育出版社2015年版。
③ 参见田里、张鹏杨《旅游产业融合的文献综述与研究框架构建》，《技术经济与管理研究》2016年第9期。
④ 参见曹华、刘渝琳《基于外部性的要素禀赋理论对我国贸易战略的影响》，《世界经济研究》2005年第7期。

业，资源禀赋理论引起了旅游学界的广泛关注。学者们多依托于旅游资源进行探讨，对资源禀赋所带来的经济增长进行研究；也有部分学者从资源影响出发，指出旅游资源也可能给地方经济发展带来负面影响，甚至产生"荷兰病"①。

资源禀赋理论阐释了资源禀赋与地方发展之间的关系，为推动健康旅游发展提供了重要的理论支撑。健康旅游的发展依托于健康资源，需要根据其类型、数量、质量以及周边旅游资源的发展情况，采取不同类型的发展方式；同时健康旅游的发展需要充分发挥地域特点，调整发展格局，挖掘自身资源优势，加强与周围其他地方的协调，推动健康旅游的网络化发展。

三 健康地理学理论

健康地理学理论起源于20世纪90年代，是医学地理学的重要研究分支。② 传统的医学地理学是从自然生态学的角度出发，主要关注自然环境对身体健康的影响，包括人体疾病的空间分布、人体健康的地理特点等方面。③ 伴随"新人本主义地理学"的兴起，传统的医学地理学研究开始从对疾病问题和自然环境的关注转向更广泛的健康和环境。健康地理学的核心观点包括"地方性"和"广泛性"，认为健康问题与地方的各种物质环境和社会文化环境密切相关，并在其基本内涵和影响因素方面具有广泛的相关性。④ 其理论以"人地关系"为主线，强调对"地理属性"的研究，主要探讨社会经济发展、环境保护与人类健康协调发展的机制和途径。⑤

健康地理学理论诠释了健康与地方的关系，为健康旅游的产生与

---

① 杨懿、杨先明：《旅游地"荷兰病"效应：旅游负面经济影响研究新视角》，《财经理论与实践》2015年第5期。
② 参见谭见安《健康、环境、发展——当代医学地理的主题》，《地理学报》1994年第S1期。
③ 参见刘晓霞、邹小华、王兴中《国外健康地理学研究进展》，《人文地理》2012年第3期。
④ 参见胡宏、徐建刚《复杂理论视角下城市健康地理学探析》，《人文地理》2018年第6期。
⑤ 参见明庆忠、李婷《基于大健康产业的健康地理学与健康旅游发展研究》，《学术探索》2019年第1期。

发展提供了重要启示。健康与地方密不可分，健康旅游的发展与地方环境质量有重要关系。一方面，健康旅游的发展需要依托于良好的自然环境，选择适合地方发展的形式；另一方面，健康旅游的发展需要营造良好的社会文化环境，培育适宜人们生活的氛围，形成属于自身的"地方性"。

四 可持续发展理论

可持续发展理论源于20世纪80年代提出的可持续发展思想，最初为应对全球环境与发展问题而提出。[①] 1987年，联合国环境与发展委员会提出的可持续发展概念，主旨是既满足当代发展需要，又不损害后代的发展利益。[②] 可持续发展理论核心观点是强调经济、社会、环境发展的协调性，关注"系统发展"和"适度发展"，从而实现经济效益、社会效益、生态效益的统一。1993年，世界旅游组织（UN Tourism）将旅游可持续发展定义为是一种对社区生活、旅游体验以及环境质量均有益的经济发展模式。[③] 国内学者李天元认为旅游可持续发展包含两个方面，即旅游活动的可持续发展和旅游业的可持续发展。[④] 旅游可持续发展是对可持续发展理论的延续，其研究内容不仅包含旅游容量问题，也从指标体系、危机管理、社区参与方面提出旅游可持续发展的实现形式。

可持续发展理论着重研究个人发展与周围环境的关系，为健康旅游的发展提供了重要启示。健康旅游不仅强调结果的健康性，更强调过程的健康性。健康旅游的开展要通过健康可持续环境的打造，从而使旅游者实现健康需求；同时也需要旅游者采用健康的行为方式，以实现过程的健康性。

---

① 参见范柏乃、马庆国《国际可持续发展理论综述》，《经济学动态》1998年第8期。
② 参见孙丽娟《可持续发展理论与战略研究综述》，《长白学刊》1998年第4期。
③ 参见陈岩峰《近年旅游可持续发展研究综述》，《资源开发与市场》2009年第1期。
④ 参见李天元《中国旅游可持续发展研究》，南开大学出版社2004年版，第18—22页。

第二节　健康旅游概念辨析

根据国内外目前的研究情况，健康旅游已存在多个相关概念，学术研究中比较常见的是：①Wellness Tourism（WT）；② Medical Tourism（MT）；③Healthcare Tourism；④Health Tourism。对照国内研究，可对应翻译为：①养生旅游或保健旅游；②医疗旅游；③保健旅游；④健康旅游。在前人研究的基础上，笔者对相关概念之间的关系进行辨析，构建健康旅游相关概念的关系框架图，总结出健康旅游的定义。

一　养生旅游

养生旅游作为一种由健康需求发展而产生的旅游形式，在国外被称为Wellness Tourism（WT）。WT与"wellness"的理解具有重要关系。"wellness"是在1959年由邓恩（Dunn）提出，被认为是一种"积极健康"的概念，是一个"交叉健康指标"构成的复杂状态。[①] 这种状态不仅包含传统的身体健康、膳食营养，也包含美容护理、放松冥想、环境敏感、社会接触等基本要素。"wellness"与现代以疾病为中心的健康观念不同，是通过自然疗法、顺势疗法等医疗替代性疗法实现"预防性健康"的概念，被GWI定义为一种"以幸福为中心"的身体、精神和社会状态。[②] 国外对"wellness"的理解中包含一些共同特点：区别于"治疗性健康"，重视生活方式的健康和健康的自我责任，具有多因素根源，是提高生活质量的潜力所在。"wellness"在使用上与"health"有相似的一面，是其中重要组成，但通常作为对"医疗不能解决所有健康"问题的反映，为"积极主动预防疾病"的健康活动。20世纪末，人类健康观念发生重大改变，重新认识到"well-

---

① Dunn, Halbert L., "High-level Wellness for Man and Society", *American Jourican of Public Health and the Nation's Health*, Vol. 49, No. 6, 1959, pp. 786 - 792.

② Yeung, O. and K. Johnston, "The Global Wellness Tourism Economy Report 2013 and 2014", *Global Wellness Institute*, 2015.

ness"作为一种健康实现方式的重要性，WT 也逐渐发展起来。

对 WT 的理解，国外学者已进行多方面探讨（见表 2-1），产生了较多共识。主要表现在三个方面：第一，内容广泛性。从 WT 的理解可以看出，其包含身体、心灵、精神与环境等方面，具有容纳人的整个生命过程"纵向"和"横向"的全局性。第二，状态平衡性。WT 目的是维持一种状态，这种状态不仅包含身体机能和心理机能各自的平衡，也包含身体、心理与其他相关要素的平衡。第三，医疗替代性。WT 是为了对传统的医学治疗进行替代，接受某种特定体验或者服务，从而减少对医疗的依赖。然而，国内学者关于 WT 的理解存在很大的分歧，主要在 WT 的解释。部分学者认为 WT 应为保健旅游，理解为以促进身心健康发展为主要动机的旅游形式。其中，有些学者提出"三分法"，将保健旅游与养生旅游列为同等旅游形式，但未进行具体区分。另外一些学者将 WT 与中国传统养生文化联系在一起，将 WT 理解为养生旅游。[1] 养生旅游是指身体、心灵与环境达到一种平衡状态，是以养生为目的的空间转移及其所产生的各类关系与现象的总和。针对以上理解，可看出国内对 WT 的理解存在一定差异。国内学者的理解使 WT 模糊化，扩大了国内外研究的不一致性，从而不能识别出两者不同之处。

表 2-1　　国外学者对于"Wellness Tourism"的解释

作者	时间（年）	解释
Gilbert 等	1991	主要目标是维持身体与精神的平衡
Greenberg 等	1995	涵盖身体、情感、精神、智力、社会和环境六个相互关联的维度
Kaspar	1996	人们打算促进、稳定或适当恢复身体、心灵和社会幸福的一种共同现象
Mair 等	2005	包括个人通过保健机构提供的活动来保持健康状态的努力

[1] 参见黄力远、徐红罡《巴马养生旅游——基于康复性景观理论视角》，《思想战线》2018 年第 4 期。

续表

作者	时间（年）	解释
Global Spa Summit	2011	涉及前往不同的地方，积极主动地开展维持或增强个人健康和福祉的活动，以及寻求在家中无法获得的独特、真实或基于该地区的体验或疗法
Lim 等	2015	是人们为了维持和促进幸福旅行而产生的所有关系总和
Talebi	2018	具有复杂性和创造性，包括高质量的设备和基础设施，提供广泛的产品与服务

注：以上解释为笔者整理。

二 医疗旅游

医疗旅游（MT）自产生以来，就存在很多争议，其中最具争议的是存在问题。MT 是否存在？相较于 MT，一些学者认为国际医疗旅行可以更准确地解释这种活动。目前，国外大部分 MT 研究者的研究重点主要集中在医学方面，而不是旅游行为。更值得怀疑的是，很多参与者主要是出于治疗需要，而不是购物的旅游者和愉悦的度假者。其中，医疗活动可能占用整个活动中大部分时间和金钱，或限于身体原因，无法参与目的地提供的旅游活动。对于 MT 与医疗旅行争论，一些学者试着界定两者之间的不同，提出"四类型说"和"四阶段说"。前者将前往医疗目的地的旅游者分为医疗旅游者、潜在医疗旅游者、医疗度假旅游者和机会医疗旅游者[1]；后者将所有旅游者划分为"药房游客"、医疗旅游者、度假病人和"仅仅是病人"四阶段。在此基础上，部分学者提出两种广泛类型的 MT 旅游者，即明确出院接受治疗及将假期与治疗结合起来的旅游者。此外，一些学者对 MT 构成也产生部分争议。部分学者认为，MT 并不完全是由预防、治疗、康复等构成，也涵盖 SPA 旅游中部分元素，但不包含美容治疗。[2] 而大多

---

[1] Wongkit, Methawee and Bob Mckercher, "Toward a Typology of Medical Tourists: A Case Study of Thailand", *Tourism Management*, Vol. 38, 2013, pp. 4–12.

[2] Stancioiu, A. F., C. A. Baltescu and A. Botoş, et al., "A Specte Conceptuale Privind Marketingul Turismului Balnear in România," *Economie Teoretică Si Aplicată*, Vol. 20, No. 2, 2013, pp. 124–137.

数学者认为，医学美容和 SPA 旅游中医学部分包含在 MT 中，而其他不属于 MT。[1]

鉴于存在的争议，国内外对 MT 的定义也不一致，主要存在两种定义。一种是"过程论"，认为 MT 是到其他国家寻求医疗服务的总称。MT 代表着一种"流动性医疗"的现象，使原住地"静态患者"转换为跨区域"动态旅游者"。另一种是"休闲论"，认为 MT 中必然包含休闲度假活动。2017 年美国医疗旅游协会的定义较为典型，将 MT 定义为，当目的地医疗保健水平等于或大于居住地时，居住地人们愿意前往目的地接受治疗，并由于更高的医疗水平和更高层次的护理质量而参与休闲度假的活动。从国外定义来看，MT 特征包含两个方面：第一，区域跨越性。MT 发生原因在于医疗资源分布不均衡。当医疗活动跨越国家或地区时，人们将获得更好的医疗资源，打破居住地医疗技术和医疗政策限制。第二，技术成熟性。根据国外研究，MT 通常发生在医疗技术较为成熟的领域，主要包括：整容手术、牙科手术、减肥手术、生殖系统手术、器官移植、眼科手术等。相较于国外，国内学者对 MT 的定义有些不同，主要表现为两种形态：一类是跨区域 MT，由于医疗资源分布不均衡，医疗资源较贫乏地区的居民更愿意前往医疗资源集中的地区进行旅游；另一类是跨国界 MT。

三 保健旅游

保健旅游不同于养生旅游和医疗旅游，又与养生旅游、医疗旅游密切相关，下文将分析保健旅游与以上两种旅游形态的关系。

（一）养生旅游与保健旅游的关系

在国内养生旅游与保健旅游属于两个比较相近的概念，很多方面具有相似之处。首先，养生旅游与保健旅游对旅游者健康均有促进作

---

[1] Eom, Taeyeon, Jongsik Yu and Heesup Han, "Medical Tourism in Korea-recent Phenomena, Emerging Markets, Potential Threats, and Challenge Factors: a Review", *Asia Pacific Journal of Tourism Research*, Vol. 24, No. 6, 2019, pp. 563–573.

用。这种作用不仅表现在"场景化"的旅游世界，而且表现在"动态化"的生活世界。一方面，改变旅游者的健康理念，提升旅游者对养生和保健的认识；另一方面，改变旅游者的生活方式，增强对养生和保健方式的认同。其次，养生旅游与保健旅游均有较强的文化支撑。养生旅游由传承上千年的养生文化所支撑，在不同国家表现为不同的形态，包括阿育吠陀思想、中医药思想等；保健旅游由现代健康理念支撑，更多表现为通过饮食习惯、生活习惯、运动习惯、医疗等方式保持身心健康。最后，养生旅游与保健旅游均有较为丰富的内涵。养生旅游建立了"从出生到死亡"完整的养生体系及"从自我到他我"广泛的养生内容；保健旅游已形成集饮食、睡眠、运动、医疗等于一体的综合保健体系。

养生旅游与保健旅游侧重点有所不同，可更准确地涵盖 WT 的全部内涵。首先，养生旅游的内容涉及身体、心灵、精神与环境等方面，体现 WT 的内容广泛性。养生旅游通常可沉浸于整个活动中，使身体得以舒展，心灵得以净化，精神得以放松；而保健旅游的"保持身心健康"忽略了身体、心灵、精神与周边环境的和谐。其次，养生旅游的状态突出"和谐"思想，与 WT 的"平衡"思想较相似。养生旅游的消费人群对其他需求表现得更为强烈，试图达到人与自然和谐的"天人合一"状态；保健旅游的消费人群只是处于保持和促进健康的阶段，表现得更为大众化，而对其他需求表现得相对不明显。最后，养生旅游的实现方式更强调自然疗法和顺势疗法，与 WT 的"医疗替代性"特征较为相似。养生旅游突出与自然和谐相处，通过非医学疗法增进生命质量以达到更高的健康境界；而保健旅游的治疗手段是多种疗法的结合。基于以上理解，养生旅游能够涵盖 WT 所包含的全部内容，用来描述 WT 更为契合。

（二）医疗旅游与保健旅游的关系

从国外研究来看，MT 与保健旅游在很多方面具有紧密联系。首先，MT 与保健旅游均包含医学疗法。MT 是通过医学疗法治疗疾病来实现健康，而保健旅游则是通过医学疗法与其他疗法结合来实现保持健康。保健旅游的医疗部门会有一定的保健中心或康复中心，使患者逐渐从患病状态恢复到健康状态。其次，MT 和保健旅游在构成上均有极强的融合性。在实际活动中，MT 包含着保健因素，保健旅游也包含着医疗因素。在 MT 中，旅游者通常能够享受到保健服务，来缓解医疗对人体的影响，从疾病状态恢复为健康状态；在保健旅游中，旅游目的地也通常配备一定的医疗设施，来满足部分旅游者的医疗需求。最后，MT 和保健旅游均可提升当地医疗卫生水平。MT 对当地医疗水平的提升是巨大的推动力，通常可以提高当地医疗卫生水平；保健旅游也可在一定程度上使医疗卫生水平有所提升，但提升的幅度要小于 MT。

通过对两者分析，MT 与保健旅游在一些方面仍存在区别。在空间分布方面，MT 通常处于医疗研究机构周围。对于 MT 来说，医疗技术是不断进步的，医疗需要科研做支撑，MT 周边通常分布着科研机构来推动医疗技术提升；而对于保健旅游来说，医疗设施可以没有科研作支撑，而是去复制其他国家的现有医疗技术。在最高目标方面，MT 高于保健旅游。保健旅游可能追求健康保持，而对更高标准的健康追求较少；MT 看重对"消除疾病"的彻底性，希望尽可能消除疾病的困扰。国外很多政府官员和学者认为，更便宜的价格和低廉的成本是保健旅游最主要的推动力。① 与之不同，MT 最主要的推动力是医疗技术。在休闲方面，保健旅游多于 MT。保健旅游通常被认为是一项跨越区域寻求康养保健和医疗救助服务的旅游活动。② MT 需要花费更多的金钱和时间从事医学治疗，从而导致休闲活动减少；保健旅游通常需要占用的时间和花费较少，可参与更多的休闲活动。

---

① Heung, Vincent C. S., Deniz Kucukusta and Haiyan Song, "Medical Tourism Development in Hong Kong: An Assessment of the Barriers", *Tourism Management*, Vol. 32, No. 5, 2011, pp. 995 – 1005.

② Liang, Zeng-Xian, Tak-Kee Hui and Pei-Zhi Sea, "Is Price Most Important? Healthcare Tourism in Southeast Asia", *Tourism Geographies*, Vol. 19, No. 5, 2017, pp. 823 – 847.

四 健康旅游

在健康旅游的探讨中，学者们对其与养生旅游、保健旅游、医疗旅游的关系并没有完全达成共识。一种观点认为健康旅游与 MT、WT 没有关系，是一个独立单元。部分学者将健康旅游和 MT 视为单独实体，以避免明确承认健康旅游。[①] 2010 年世界旅游组织出版的《国际旅游统计建议》中，将健康旅游和 MT 划分成单独单元，但同时避免明确认可健康旅游。其他调查研究对健康旅游和 WT 也采取了类似的分法，以对健康旅游和 WT 进行区分。[②] 另一种观点认为，健康旅游大于 WT 和 MT 的内涵。健康旅游是旅游研究的重要方面，医疗旅游是健康旅游一个子构成。[③] 大多数学者认同健康旅游为更宽泛的概念，包含 WT 和 MT。在 Health and Wellness Tourism 一书中，健康旅游是一个综合性定义，其范围要超过 MT 和 WT 所包含的内容。国际货币基金组织的《国际收支和国际投资手册》在编制旅游支出统计数据时只针对医疗旅游，而没有提到健康旅游，但将健康解释为一个"伞形概念"。"伞形概念"即是健康旅游、WT、MT 共同构成一个"伞形结构"，健康旅游在伞的顶端。健康旅游的"伞形概念"得到很多学者认同，即健康旅游划分成 WT 和 MT 两部分。

以上讨论可以得出：在相关概念关系的辨析中，大部分学者支持"两分法"，即将健康旅游划分为 WT 和 MT。遵循国内外大多数学者的研究，对其进行重新思考和整理，笔者构建了健康旅游相关概念关系辨析图（见图 2-1）。在该图中笔者认为健康旅游是一个"囊括所有"的总概念，由养生旅游和医疗旅游构成，包括养生旅游

---

① Connell, John, "Medical tourism: Sea, Sun, Sand and…Surgery", *Tourism Management*, Vol. 27, No. 6, 2006, pp. 1093–1100.

② Erfurt-Cooper, P. M. Cooper, *Health and Wellness Tourism: Spas and Hot Springs*, Channel View Publications, 2009, pp. 25–48.

③ Tribe, J., "The Indiscipline of Tourism", *Annals of Tourism Research*, Vol. 24, No. 3, 1997, pp. 638–657.

和医疗旅游、保健旅游等多种具体形态。养生旅游是一种主动的、积极的健康方式，是通过自然疗法和顺势疗法等主动疗法来实现的方式，最高价值在于实现"身体、心理、精神与环境"的平衡；医疗旅游是一种被动的、消极的健康方式，是通过医学治疗来实现健康，最高价值在于实现"消除疾病"的目标，对人体疾病进行有效管控。两者分属不同方面，共同构成了健康旅游。在养生旅游中，存在着一种"保健式养生"，可为普通大众提供较低层次的养生产品，为养生保健旅游；在医疗旅游中，存在着一种"保健式医疗"，可为旅游者提供中低端医疗产品，为医疗保健旅游。养生保健旅游与医疗保健旅游是保健旅游两种具体形式，共同构成保健旅游。保健旅游是一种"大众式"的健康旅游，是伴随着保健技术产业化和交通方式便利化而产生的一种以"保持和促进身心健康"为目的的健康旅游形态。

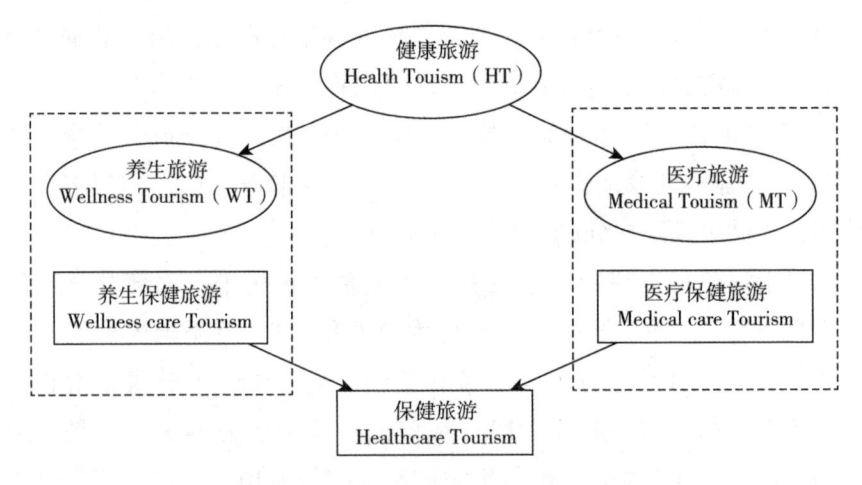

图 2-1 健康旅游相关概念关系辨析图

相对于具体形态，国内外对健康旅游的研究较少，主要从需求和供给两个角度进行探讨。从需求角度来看，健康旅游是离开居住地来提高生命质量的活动。一方面，健康旅游是在当地环境之外从事有组织的旅行来维护、增强或恢复个人的身心健康，包含远离居住地、健康动机驱动、发生在休闲环境中三个基本要素。另一方面，健康旅游可恢复身体、心理健康，使自身生命质量得到改善，增进健康的可持续性。[①] 从供给角度来看，健康旅游是通过主动疗法、被动疗法与休闲度假结合来吸引旅游者的活动。1973 年，世界旅游组织将健康旅游定义为利用国家自然资源，特别是以水和气候以及所提供一些健康设施来开展的旅游活动。

基于对以上相关概念关系的辨析，健康旅游可理解为以健康资源为载体，以增进生命质量为特征的旅游活动。其中，健康资源是吸引旅游者前来的最主要吸引物，也是健康旅游赖以发展的基础。在很大程度上，健康旅游发展是由健康资源决定的。当拥有的健康资源质量高时，当地健康旅游就可获得更多竞争力，吸引更多旅游者；当拥有的健康资源质量低时，当地健康旅游将丧失很多竞争力，降低发展的可持续性。此外，健康资源的类型也影响着健康旅游发展，对健康旅游竞争力也有重要影响。

第三节 健康旅游基本内涵

本节在对国内外健康旅游相关文献综述的基础上，结合相关基础理论和案例，对健康旅游的基本内涵进行分析，对其概念界定、类型划分、基本特征进行阐述。

一 概念界定

健康旅游是健康与旅游融合的产物，其发展实质上是健康产业与旅游产业的融合过程。[②] 部分学者认识到，健康旅游是旅游与健康的

[①] Kaspar, Claude, "Gesundheitstourismus im Trend", *Jahrbuch Der Schweizer Tourismuswirtschaft*, Vol. 96, 1995, pp. 53–61.

[②] 参见金媛媛、王淑芳《乡村振兴战略背景下生态旅游产业与健康产业的融合发展研究》，《生态经济》2020 年第 1 期。

深度融合。① 健康产业与旅游产业融合具有必然性,这种必然性主要体现在纵向同步性和横向相似性两个方面。

从纵向来看,健康与旅游存在一定程度的同步性。在旅游发展初始阶段,旅游的出现源于人类的迁徙活动,而这种迁徙活动正是由于人类对生存和健康的需求②;在旅游发展中期,健康是旅游发展的"强心剂",健康技术的每一次进步都促使人们敢于探索更多未知,吸引人们从事旅游活动;在旅游发展后期,旅游开展的不确定性和健康发展的不均衡性使两者更加紧密地联系在一起。

从横向来看,健康与旅游存在一定程度的相似性。首先,健康产业与旅游产业具有相似性。健康产业与旅游产业都属于幸福产业,两者发展均是为了满足人们的幸福需求,或是提升人们的幸福体验。其次,健康服务与旅游服务具有相似性。健康服务为人们提供预防、治疗、保健等来保障人们的身体健康;旅游服务为人们提供交通、游览、娱乐等体验来满足人们的心理需求。最后,健康与旅游对环境的要求具有相似性。健康与旅游对环境的要求较高,需要良好的自然环境和人文环境。

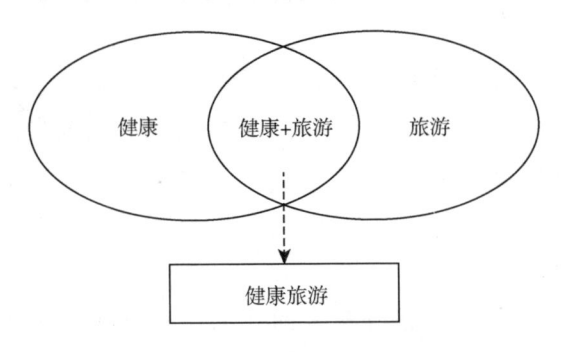

图 2-2 健康旅游的形成

---

① 参见曾红《浅谈中医药健康服务与旅游的融合发展途径》,《经济研究导刊》2019 年第 33 期。

② 参见李天元《旅游学概论》(第六版),南开大学出版社 2009 年版,第 90 页。

根据诸多学者对健康旅游的定义，本书在梳理和整合的基础上将健康旅游定义为，健康旅游是以健康资源为载体，以增进生命质量为目的，以提供健康服务为特征的旅游活动。健康旅游较之其他旅游活动，其核心就在于突出健康资源、生命质量、健康服务三个新元素，从旅游视角来看，健康旅游既拓展了旅游资源范畴的外延，也深化了旅游增进生命质量的内涵，还丰富了旅游活动中健康服务的内容。该定义体现了健康旅游概念的以下内涵。

从吸引力角度，以健康资源为载体。健康资源是吸引旅游者前往的最主要元素，也是健康旅游赖以发展的基础。在很大程度上，健康旅游发展是由健康资源决定的。当拥有的健康资源质量高时，当地健康旅游就可获得更多竞争力，吸引更多旅游者；当拥有的健康资源质量低时，当地健康旅游将失去对旅游者的吸引。此外，健康资源的类型也影响着健康旅游发展的作用效果，对健康旅游竞争力也有重要影响。

从旅游者角度，以提高生命质量为目的。提高生命质量是旅游者参与健康旅游活动的主要目的，也是健康旅游发展的内在作用力。随着对健康认识的不断深入，人们不再满足于传统的健康追求，更注重身心健康，以及在社交活动中获得精神满足。健康旅游的发展正是将身心健康和精神需求相结合，使旅游者的多种健康需求得到集中满足，从而来实现提高生命质量的目的。

从旅游业角度来看，健康旅游以提供健康服务为特征。提供健康服务是健康旅游区别于其他旅游形式的重要特征，也是健康旅游发展的重要体现。在其他旅游形式当中，健康服务的作用相对较小，主要集中在保障旅游活动的正常开展方面；在健康旅游中，健康服务扮演着重要角色，不仅是旅游评价的重要衡量指标，影响旅游者对旅游活动的评价，也将影响旅游者的消费意愿和对旅游目的地的形象认知。

二 类型划分

根据不同的标准，笔者对健康旅游类型进行了划分（见表2-2）。

表 2-2　　　　　　　　　　　健康旅游类型划分

分类标准	主要类型
出行动机	保持型健康旅游
	促进型健康旅游
	恢复型健康旅游
实现方式	医疗旅游
	养生旅游
	健身旅游
空间范围	国内健康旅游
	国际健康旅游
消费层次	高端健康旅游
	中端健康旅游
	大众健康旅游

资料来源：笔者在研究的基础上整理。

（一）根据出行动机划分

根据出行动机的不同，健康旅游可分为保持型健康旅游、促进型健康旅游、恢复型健康旅游。其中，保持型健康旅游是以保持身心健康为动机开展的健康旅游，通常以健康的旅游者为主要参与对象；促进型健康旅游是以促进身心健康为动机开展的健康旅游，通常以亚健康的旅游者为主要参与对象；恢复型健康旅游是以恢复身心健康为动机开展的健康旅游，通常以存在健康问题的旅游者为主要参与对象。

（二）根据实现方式划分

根据实现方式的不同，健康旅游可分为医疗旅游、养生旅游、健身旅游。其中，医疗旅游中旅游者通过接受美容整形、外科手术、器官移植等医疗服务来提高生命质量进行健康旅游活动，通常在实现过程中主要进行医疗活动[①]；养生旅游是通过将养生服务与旅游活动相结合来实现健康旅游，通常在旅游过程中主要进行养生活动[②]；健身

---

① 参见刘建国、张永敬《医疗旅游：国内外文献的回顾与研究展望》，《旅游学刊》2016年第6期。

② 参见张志亮《老年人养生旅游的公共性分析》，《旅游学刊》2016年第11期。

旅游是旅游者通过参与体育健身休闲项目或体育赛事来提高生命质量的健康旅游活动，通常在实现过程中主要进行健身活动[①]。

（三）根据空间范围划分

根据空间范围的大小，健康旅游可分为国内健康旅游和国际健康旅游。其中，国内健康旅游是在一个国家范围内的健康旅游活动，没有超越国家的界限；国际健康旅游，即跨国健康旅游，是发生在国家之间的健康旅游活动，超越了国家的界限。

（四）根据消费层次划分

根据消费层次的高低，健康旅游可分为高端健康旅游、中端健康旅游、大众健康旅游。其中，高端健康旅游是面向高端消费人群的健康旅游活动，通常具有消费高、密度低的特点；中端健康旅游是面向中端消费人群的健康旅游活动，通常具有消费水平居中、密度适中的特点；大众健康旅游是面向普通大众消费人群的健康旅游活动，通常具有消费低、密度高的特点。

三 基本特征

从旅游业态角度审视，健康旅游具有业态丰富、过程增进性、结果协调性三方面的特征。

（一）业态丰富性

由于健康实现方式的多样性，健康旅游业态十分丰富。健康旅游的过程中不仅有很多主动疗法来预防疾病，也出现了更多被动疗法来治疗疾病。在主动疗法方面，健康旅游开始脱离原有自然环境的束缚，出现了为保健服务塑造的人造环境；在被动疗法方面，健康旅游开始加强对疾病的控制，出现以"基因控制"和"器官修复"为主的新兴医疗方式。这些疗法与旅游结合所形成的健康旅游形态也具有多样性，故而形成了丰富的业态。

---

① 参见杨强《体育旅游产业融合发展的动力与路径机制》，《体育学刊》2016 年第 4 期。

(二) 过程增进性

健康旅游可提高生命质量。通常来说，人的生命质量水平会维持在一定范围内，以有利于人体机能的发育和各项活动的开展。然而，人类始终存在一些"先天基因偏差"，或者遭遇"后天外力伤害"，可能造成部分生命体受损。健康旅游的开展既可以预防疾病发生，加深对"治未病"的理解，也可促进医疗技术发展，提升"消除疾病"的水平。

(三) 结果协调性

健康旅游的目的是促进人与环境的协调发展，使人们的身体、心灵、精神与环境达到一种"高度和谐"的状态。这种状态可通过主动疗法间接实现"内生性转变"，也可通过被动疗法直接实现"外力性转变"。通过内生与外力的结合，健康旅游可以实现人体内外部的协调从而提高生命质量。健康旅游的发展将会给予人们更多追求幸福的机会，提升幸福指数。

第四节 健康旅游发展模式

不同于国内健康旅游发展仍处于初期，国外的发展已逐渐成熟。从国内外案例来看，健康旅游发展主要依托于自然资源、保健服务、科学技术、医疗政策等方面。

一 自然资源依托型

自然资源依托型是依托于自然存在的气候条件、山水风光等资源进行开发的健康旅游发展模式。该模式的特点是文化融合性强、题材较为丰富，但同时也存在着自然依赖性大、旅游季节性强的问题。从世界范围来看，该模式主要存在于亚洲，亚洲拥有历史悠久的养生文化，自古以来就有自然养生的传统，为发展健康旅游提供了优势条件。依托丰富的自然资源，部分地区开发了属于本地区的自然疗法，部分还配套了医疗保健设施，吸引来自世界各地游客。

二　保健服务带动型

保健服务带动型是依托于长期存在的瑜伽、药浴、太极、中医等保健服务进行开发的健康旅游发展模式。该模式的特点是文化支撑性强、发展可持续、就业带动性大，但由于保健服务形象固化，其他地区可复制性不强。该模式主要存在于一些拥有知名保健服务的国家或地区，例如印度的瑜伽、中国的太极、泰国的药浴等。鉴于原有的保健服务已形成一定的品牌知名度，部分地区把相关保健服务与旅游设施进行结合，不断延伸保健服务产业链，开发出新的旅游产品。

三　科学技术支撑型

科学技术支撑型是依托高水平的医疗技术、高端的医疗保健手段等医疗资源来吸引旅游者的健康旅游发展模式。该模式的特点是医疗水平高、医疗保障强、医疗风险小，但仅服务于具有较高消费能力的高端旅游者。该模式主要存在于以美国为代表的发达国家，最典型的标志是"研究中心＋治疗中心"，这里具有一流的医疗水平和科研能力，能够应对患有"疑难杂症"的旅游者。一方面，这种模式的技术创新性比较高，成长潜力比较大，能够对延长生命和维持健康起到重要的作用；另一方面，技术的提升带动健康管理的水平提高，形成了一些具有"提升生命质量"功能的健康旅游目的地。

四　医疗政策吸引型

医疗政策吸引型是依托税收优惠、设备进出口、医疗签证、医疗保险等政策吸引高水平医疗机构进驻的健康旅游发展模式。该模式的特点是医疗价格低、医疗时间短、医疗服务好，但始终存在后续医疗服务的问题。该模式主要存在于发展中国家，最典型标志是"酒店式医院"，此类医院具备一流的就医环境和医疗服务，能够满足部分患者的就医需求。此外，部分国家出台了一些特殊医疗政策，如欧盟委员会发布《关于跨境医疗保健患者权利的指令》，欧盟公民有权在任何欧盟国家获得医疗保健，并在本国获得国外护理报销。与此同时，一些国家的政策则引起伦理问题，包括允许干细胞治疗、安乐死等医疗服务。[①]

第五节　健康旅游发展机理

无论是从健康旅游形成的纵向历史演进，还是从健康旅游发展的横向融合程度，都表明健康旅游发展是产业驱动、服务融合、环境协同三种动力循环作用的结果。在历史演进过程中，产业、服务、环境三者在不同时期所发挥的作用不同；在融合作用之下，健康旅游不断从产业、服务、环境三个方面汲取动力，从而促进旅游者、旅游业、旅游地的发展。

一　发展机理分析逻辑

在前人研究基础上，结合国内外健康旅游案例，笔者对健康旅游发展机理进行剖析，以证明健康旅游发展存在三大动力源：产业驱动、服务融合、环境协同。产业驱动以适应市场需求，形成纵向根源性动力；服务融合以实现产业渗透，形成横向交叉性动力；环境协同以引导产业发展，形成方向性、引领性动力。在不断的发展过程中，逐步产生了两条健康旅游发展线（见图 2-3）。

一条线是健康旅游发展主线，包含着产业、服务、环境之间的循环发展。从循环过程来看，健康旅游发展先由产业驱动回应需求，通过产品优势置换、客源市场互补、产品整合共享相继发生，引发对健康旅游服务的需求；再由服务融合丰富内涵，通过服务单向附加、对

[①] Inhorn, Marcia C., "Globalization and Gametes: Reproductive 'Tourism', Islamic Bioethics, and Middle Eastern Modernity", *Anthropology & Medicine*, Vol. 18, No. 1, 2011, pp. 87–103.

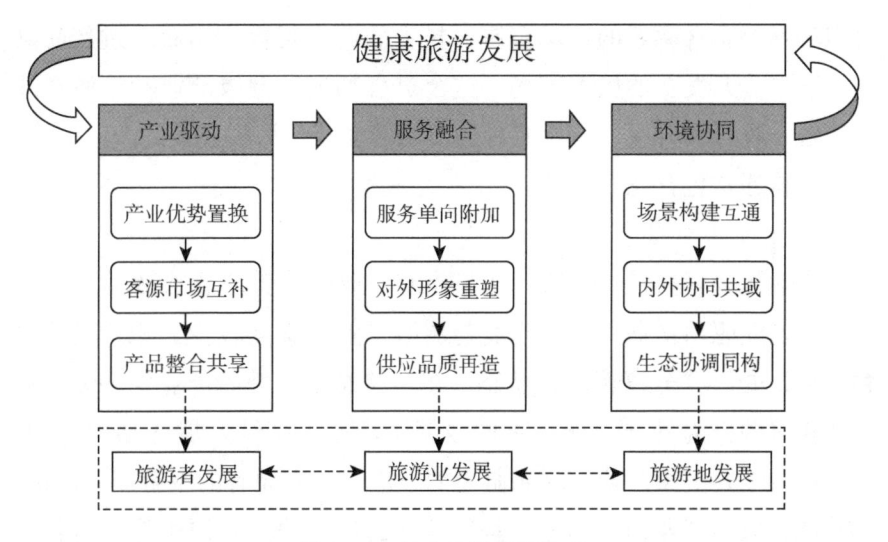

```
                    健康旅游发展
    ┌─────────────────────────────────────┐
    │   产业驱动  →  服务融合  →  环境协同  │
    │  ┌────────┐   ┌────────┐   ┌────────┐│
    │  │产业优势置换│ │服务单向附加│ │场景构建互通││
    │  │客源市场互补│ │对外形象重塑│ │内外协同共域││
    │  │产品整合共享│ │供应品质再造│ │生态协调同构││
    │  └────────┘   └────────┘   └────────┘│
    │   旅游者发展 ←→ 旅游业发展 ←→ 旅游地发展 │
    └─────────────────────────────────────┘
```

图 2-3 健康旅游发展机理

外形象重塑、供应品质再造相继发生，导致环境发生改变；又由环境协同提供支撑，推动场景构建互通、内外协同共域、生态协调同构相继运转，推动健康旅游的发展；最后由健康旅游发展推动产业驱动的进一步加强，构成循环发展。

另一条线是健康旅游发展副线，包含旅游者、旅游业、旅游地三种主要形式。其中，在产业驱动作用下，健康旅游产业为旅游者提供更多旅游产品，吸引更多旅游者；在服务融合作用下，健康旅游服务产生了更多的发展机会，从而推动旅游业的发展；在环境协同的作用下，旅游地与地方的关系得以改善，进而推进旅游地的发展。旅游者、旅游业、旅游地三者相互作用、相互影响，共同构成了健康旅游发展副线。

二 产业驱动：根源性动力

健康旅游发展的初始点是产业驱动，这是健康旅游发展的根源性动力。健康产业和旅游产业作为服务于人们的幸福产业，为适应市场需求，主动向对方靠近，将两者的优势进行互补，吸引旅游者，并通过市场互补整合两者的市场范围，扩大旅游者规模；继而通过产品共享，进一步开发新的旅游市场。这个过程加速了健康产业和旅游产业的接触、整合和升级，使旅游者的市场需求转化为收益性的产业沉淀。这一过程通常包含三个环节。

（一）产业优势置换

产业优势置换是指健康产业与旅游产业的优势"置换驱动"的过程。在产业驱动初期，健康产业与旅游产业交叉项较少，相关产业接触较少，处于"分离接触"状态。在此状态下，健康产业发展需要旅游产业客源作为补充，进一步增强健康产业可持续发展的动力基础；旅游产业需要健康产业解除旅游者的顾虑，丰富原有的旅游产品体系。基于此，健康产业的"内容优势"与旅游产业的"客源优势"进行置换，从而弥合两者的不足，为消费者提供更多的幸福产品，充实幸福产业的内在含义。产业优势置换带给健康产业和旅游产业更广阔的发展空间，驱动两者进行融合，进而为健康旅游的形成创造基础。

（二）客源市场互补

客源市场互补是指健康产业与旅游产业的消费市场进行"互补驱动"的过程。在产业驱动中期，健康产业与旅游产业已具备一定的交叉项，相关产业接触较多，处于"弥合接触"状态。在此状态下，健康产业发展需要扩展异地市场，进而提高产业收益；旅游产业发展需要地方市场的认同，进一步增加本地市场的可接受性和外地市场的吸引力。健康产业的"短距离市场"与旅游产业的"长距离市场"互相弥补，扩大了两者的市场，增强了两者的收益能力。客源市场互补促进健康产业与旅游产业的消费群体拓展，增加两者发展过程中的"交叉收益"，为健康旅游产生提供市场驱动。

（三）产品整合共享

产品整合共享是指健康产业与旅游产业的融合产品进行"共享驱动"的过程。在产业驱动后期，健康产业与旅游产业已具备较多的交叉项，相关产业接触较为频繁，处于"常态接触"状态。在此状态下，健康产业拥有可供健康消费的旅游产品，满足健康消费者的旅游需求；旅游产业拥有可供健康消费的健康产品，满足旅游消费者的健康需求。健康产业和旅游产业的产品整合开发促进了生产和销售环节的共享，两者交流频率逐渐上升，增强了相关健康旅游产品的"属性共享"。产品整合共享跨越了健康产业与旅游产业的"产业鸿沟"，实现了两者的共同发展，为健康旅游产生提供产品驱动。

三　服务融合：渗透性动力

健康旅游发展的关键点是服务融合，这是健康旅游发展的渗透性动力。在产业驱动作用下形成健康旅游产业的雏形后，服务从业者的加入，使得健康旅游发展的内部利益格局发生变化。由于产业带来的利益驱动，健康服务从业者和旅游服务从业者在完成本职工作后，主动接受对方，将两者进行单向附加，增加旅游业的受益人群，并通过形象重塑改善两者的刻板印象，扩大旅游业的受益规模，继而通过品质再造，保证旅游业增长的可持续性。健康旅游产业获得发展后，吸引服务从业者前往该领域，促使健康服务与旅游服务加速融合，这一过程通常包含三个环节。

（一）服务单向附加

服务单向附加是指健康服务与旅游服务单一方向进行"附加融合"的过程。在服务融合初期，健康服务与旅游服务区分性很强，相关服务之间联系性较弱，处于一种"散落联系"状态。在此状态下，健康服务过程会附加一定程度的旅游活动，以增强健康服务的效果；旅游服务的过程会提供基本的健康保障，以增强对旅游者的内在吸引力。健康服务"游览附加"和旅游服务"体验附加"丰富了原有的服务内容，增强了两者的吸引力，进一步提升了消费者服务体验。因此，服务单向附加体现了单一方向上的服务融合，多为健康服务和旅游服务的简单叠加，为健康旅游服务融合提供了初级形态。

（二）对外形象重塑

对外形象重塑是指健康服务与旅游服务对外形象进行"重塑融

合"的过程。在服务融合中期，健康服务与旅游服务的区分减弱，相关服务之间联系增加，处于一种"波澜联系"状态。在此状态下，健康服务的"治疗特征"进一步减弱，降低人们对治疗的"心理芥蒂"，健康服务的接受度明显增强；旅游服务附加价值进一步体现，原有"形象顾虑"得以改观，旅游友好度显著增加。健康服务和旅游服务丰富了人们的认知，增强了人们的出游信心，为健康旅游发展奠定了良好的基础。因此，对外形象重塑体现了对外形象上的服务融合，增强了健康服务和旅游服务的沟通交流，为健康旅游服务融合提供了中级形态。

（三）供应品质再造

供应品质再造是指健康服务与旅游服务供应品质进行"再造融合"的过程。在服务融合后期，健康服务与旅游服务区别很小，相关服务之间关联性很强，处于一种"富集联系"状态。在此状态下，健康服务的"定制化旅游"开始显现，旅游服务的"专业化保障"得以发展。两者在相关人员之间的流动增加，加上交叉培训的实现，使品质得到进一步提升，并为相关消费提供了更多选择。因此，供应品质再造体现了供应品质上的服务融合，增强了健康服务和旅游服务的沟通交流，为健康旅游服务融合提供了高级形态。

四 环境协同：引领性动力

健康旅游发展的变现点是环境协同，这是健康旅游发展的引领性动力。由原始的市场需求通过产业驱动和服务融合形成了一个特定的旅游经济区域，这个经济区域不断拓展其经济形态，进而使旅游者和旅游业发展所形成的利益回报引发环境之间的冲突。由于服务所引发的利益认同，旅游地逐步减少对两者环境的限制，主动吸引对方，将两者进行场景互换，增强旅游地的自然认同，并通过内外共域改善两者的冲突，扩大旅游地的受益领域，继而通过生态同构，加速旅游地的发展。旅游地的发展为旅游业提供更广阔的环境，从而推动旅游业的发展,并通过环境之间的冲突式融合,推进健康旅游发展呈现出显化状态。这一过程通常包含以下三个环节。

(一) 场景构建互通

场景构建互通是指健康环境与旅游环境的构建场景进行"互通协同"的过程。在环境协同初期,健康环境与旅游环境的对立性较强,相关环境之间的拟合度较低,处于"微弱拟合"状态。在此状态下,开始出现公园式医院、酒店式门诊、疗养型庄园等形式,场景布置趋于旅游化;旅游的环境开始注重健康打造,增加无障碍设施、健康保障设备等,推动了健康化建设。两者互通减轻了治疗的不适感,改善了人们的游览环境,降低了"环境厌恶"出现的可能性。因此,场景构建互通重点突出了健康环境与旅游环境的外部打造,为健康旅游环境协同建设提供了外部路径。

(二) 内外协同共域

内外协同共域是指健康环境与旅游环境的内外界限进行"共域协同"的过程。在环境协同中期,健康环境与旅游环境的对立性减弱,相关环境之间的拟合度增加,处于"中度拟合"状态。在此状态下,开始出现内部酒店化、无感医院等形式,旅游环境开始内部健康营造,推动健康住宿、健康饮食等建设。两者共域增强了内外部环境的协调性,将内部环境与外部环境打造整合起来,共同促进环境协同发展。因此,内外协同共域重点突出了健康环境与旅游环境的内部建设,为健康旅游环境协同建设提供了内部路径。

(三) 生态协调同构

生态协调同构是指健康环境与旅游环境的周边生态进行"同构协同"的过程。在环境协同后期,健康环境与旅游环境的对立性较弱,相关环境之间的拟合度较高,处于"高度拟合"状态。在此状态下,开始推进自然环境与人文环境的进一步结合,借助旅游活动推动社会健康的治疗,增强环境中的体育、养生因素的打造,实现旅游生活与健康生活的协同。两者同构解决环境质量的不同步性,将环境协同融入健康旅游的建设当中。因此，生态协调同构重点突出了健康环境与旅游环境的同步构建，为健康旅游环境协同建设提供了平行路径。

通过健康旅游相关基础理论与概念分析，可得出以下三个结论：首先，健康旅游研究具有跨学科特征。健康旅游研究与经济学、地理学、卫生学等方面理论密切相关。其次，健康旅游的基本内涵较为丰富。一方面，健康旅游是健康产业和旅游产业融合的产物，兼具健康和旅游的共同特征；另一方面，健康旅游是以健康资源为载体，以提高生命质量目的，以提供健康服务为特征的旅游活动，包含丰富的类型、特征和发展模式。最后，健康旅游发展动力包含产业、服务、环境三个方面。健康旅游的发展存在两条线，一条是健康旅游发展主线，由根源性动力、渗透性动力、引领性动力循环直接推动健康旅游发展；另一条是健康旅游发展副线，通过产业、服务、环境对旅游者、旅游业、旅游地的促进间接推动健康旅游发展。

第三章 健康旅游目的地理论探析

健康旅游已成为很多传统旅游目的地转型发展的重要方向，但该领域研究相对较少，对健康旅游目的地基本构成和发展运行的认识仍存在很大空间。健康旅游目的地系统是一个以健康资源为载体，以增进生命质量为特征，并由医疗要素、养生要素和健身要素显化和强化而构成的旅游目的地系统。基于系统学理论，笔者建构了健康旅游目的地系统理论模型，得出其运行所必备的医疗子系统、养生子系统、健身子系统、支撑子系统，并对总系统和子系统之间的运行机制进行探讨，以期推动健康旅游目的地发展运行。

第一节 健康旅游目的地概念

一 概念渊源

近年来，健康旅游的关注度持续攀升，已成为很多传统旅游目的地转型的重要发展方向。2015年，"健康中国"一词首次在政府工作报告中提及。2016年，中共中央、国务院印发了《"健康中国2030"规划纲要》，提出要打造具有国际竞争力的健康医疗旅游目的地。2017年，国务院发布《关于促进健康旅游发展的指导意见》，提出要建设健康旅游示范基地，打造国际健康旅游目的地。之后，国家首批13家健康旅游示范基地启动，为建设国际健康旅游目的地探索经验。伴随国家层面对健康旅游的不断重视，广西、海南、山东等地纷纷提出建设健康旅游目的地，发展健康旅游。然而，对健康旅游目的地与传统旅游目的地之间关系的认识不清晰已成为阻碍健康旅游发展的重要因素，导致地方建设活动得不到有效支持，进而阻碍其发展进程。

不同于传统旅游目的地，健康旅游目的地是由旅游目的地中健康要素的显化和强化而形成的。伴随旅游的不断发展，原属支撑旅游目的地的健康要素成为独立吸引物，引发很多旅游学者的关注。古德里奇（Goodrich，1994）指出健康旅游是旅游目的地利用除常规旅游活动以外的健康设施和服务来吸引游客的活动。[①] 波曼（Borman，2004）和乔纳森（Jonathan，1994）将健康旅游定义为常规旅游与健康服务设施相结合形成的旅游产品。[②] 1973 年，世界旅游组织将健康旅游定义为利用国家自然资源，特别是水和气候以及所提供一些健康设施来开展的旅游活动[③]。此外，国内学者也对健康旅游目的地进行了相关探讨。其中，薛群慧等（2014）认为健康旅游是利用中医养生、现代医学、心理疏导以及各种有益身心健康的艺术、运动等方式开展的旅游活动。[④] 从以上研究可看出，健康旅游目的地的研究不可能脱离传统旅游目的地，需要对健康要素的显化和强化进行系统分析。同时，在目前文献中，健康旅游目的地还属于研究空白，相关认识还不清晰，运行机制没有得到明确，这已成为阻碍健康旅游发展的重要因素。

二 理论借鉴

对健康旅游目的地，需要以系统视角来认识。国外学者运用系统论来研

[①] Goodrich, J. N. and M. Uysal, "Health Tourism: a New Positioning Strategy for Tourist Destinations", *Journal of International Consumer Marketing*, Vol. 6, No. 3 - 4, 1994, pp. 227 - 238.

[②] 参见毛晓莉、薛群慧《国外健康旅游发展进程研究》，《学术探索》2012 年第 11 期。

[③] Hall, C. Michael, "Health and Medical Tourism: a Kill or Cure for Global Public Health?", *Tourism Review*, Vol. 66, No. 1/2, 2011, pp. 4 - 15.

[④] 参见薛群慧、蔡碧凡、包亚芳《健康旅游研究对象探析》，《云南社会科学》2014 年第 6 期。

究旅游问题始于20世纪70年代,最早由苏联学者 B. C. Преображенски 提出。[①] 在研究地域系统概念时,他以旅游产业地域组织研究理论为基础提出了地域旅游系统(TPC)模型。之后,美国学者甘恩(Gunn)于1972年提出基于需求板块和供给板块的旅游系统,构建了由旅游吸引物、服务和设施、交通、信息与引导和旅游为基本要素的旅游功能系统。[②] 从相关研究中可发现,大多数学者集中于对旅游功能系统的探讨,对旅游目的地系统运行机制的探讨较少,通常将之作为旅游系统中的一个子系统。从旅游目的地系统构成可发现,大多数学者的研究将其划分为旅游吸引物、旅游设施、旅游服务三种构成。[③] 因此,现有对旅游目的地的系统性研究已相对成熟,部分理念已初步成型,将为健康旅游目的地研究提供有效的方法论,推动相关研究的发展。

综上,笔者总结了健康旅游目的地基本构成要素,并对其构成进行详细阐述,同时基于系统论的理论和方法,构建了健康旅游目的地运行理论模型,形成一些基本的认识,以加深对健康旅游目的地运行规律的研究。

三 概念界定

根据系统论的观点,笔者总结出健康旅游目的地系统是一个以健康资源为载体、以增进生命质量为特征的旅游目的地系统。在一定的时间和范围内,健康旅游目的地系统是由其构成要素与所在环境共同组成的一个集合。该集合具有一定的规模和结构,各个构成要素相互融合,并借助于旅游活动而变得相互联系、相互作用、相互依存,最终形成具有自循环和自调节功能的综合体。在健康旅游

---

① 参见郭长江、崔晓奇、宋绿叶等《国内外旅游系统模型研究综述》,《中国人口·资源与环境》2007年第4期。

② C. A. Gunn and T. Var, *Tourism Planning: Basics, Concepts, Cases*, New York: Psychology Press, 2002.

③ 参见朱青晓《旅游目的地系统空间结构模式探究》,《地域研究与开发》2007年第3期。

目的地系统内部，如果各个构成要素得到有效协调，那么该系统就是完善的、可持续的；否则，该系统的运行就会出现问题，从而就需要对构成要素进行调整。健康旅游目的地系统大小不一，形态各异，小到一个社区，大到一个城市或国家均可构成健康旅游目的地系统。

第二节　健康旅游目的地构成

从国外文献可知，健康旅游分为 Medical Tourism 和 Wellness Tourism。其中，Medical Tourism 解释为医疗旅游；目前 Wellness Tourism 已理解为主动的、积极的内生性健康方式，但对 Wellness Tourism 解释仍存在争议。基于健康旅游目的地的现实系统，笔者认为 Wellness Tourism 可解释为养生旅游和健身旅游的总和，即健康旅游目的地系统应包含医疗要素、养生要素、健身要素三个基本构成要素（见图3-1）。其中，医疗要素是核心要素，养生要素是基础要素，健身要素是延伸要素。不同于传统旅游目的地，健康旅游目的地是由医疗要素、养生要素、健身要素的显化和强化形成。在传统的旅游目的地中，医疗要素、养生要素、健身要素均可找到，但并未得到显化和强化，以至于以隐形方式存在于其中。

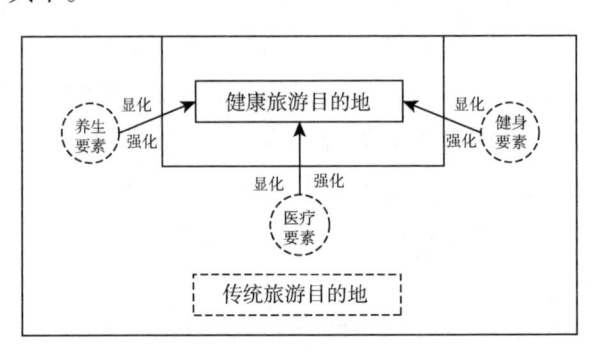

图3-1　健康旅游目的地构成图

一 医疗要素

医疗要素是健康旅游目的地系统中的核心要素,不可或缺。医疗是消除疾病的一种手段,也是保持健康的一种途径。医疗要素是以医疗技术和医疗政策为核心的构成要素,具体包括医疗技术、医疗政策、医疗信息和医疗应用。

医疗技术。根据 2018 年发布的《医疗技术临床应用管理办法》,医疗技术是指医护人员为治疗疾病、缓解病情、减轻痛苦、延长生命等增进健康活动而采取的医学专业手段和措施。通常来说,医疗技术包括三种形态,即常规医疗技术形态、转化医疗技术形态、人体增强技术形态。[①] 常规医疗技术形态是在临床应用中能够确保其安全性和有效性的技术;转化医疗技术形态是在临床应用中存在较高风险系数的技术;人体增强技术形态是在临床应用中涉及重大伦理问题、使用稀缺资源又具有一定风险的技术。在现实生活中,医疗技术是医疗机构的核心。在健康旅游目的地研究中,医疗技术的角色不断拓展,从单一的治疗功能发展到保健功能,成为吸引旅游者参与旅游活动的重要影响因素。

医疗政策。由于国家体制、历史背景、经济水平等方面的差异,不同国家或地区之间的医疗政策也存在一定的差异。医疗政策是一个国家或地区出台的关于促进、限制或禁止医学治疗活动的政策,包含医疗设备进出口、医疗签证等方面,其中最重要的组成是医疗保障政策。现代社会的医疗保障政策源于英国济贫法(Poor Law)中"安全网"的理念,即为社会生活中落入"安全网"的群体提供一定救助。[②] 医疗政策不仅影响居民在本国或本地区的医疗行为,而且会影响其他区域居民对本国或本地区的医疗态度。在健康旅游目的地的研究中,

---

① 参见田海平《现代医疗技术的伦理形态及其挑战》,《东南大学学报》(哲学社会科学版)2017 年第 3 期。
② 参见王震《医疗保险与医疗救助:理论、现实与政策》,《中国医疗保险》2019 年第 7 期。

本国或本地区的医疗政策影响范围进一步扩大，甚至表现为更多地影响其他区域的居民。

医疗信息。在医疗发展的过程中，医疗技术的发展以及医疗政策的实施均会产生医疗信息。医疗信息包含很多类型，通常可以划分为医疗技术信息、医疗服务信息、医疗价格信息等。医疗技术信息是涉及医疗技术安全性、有效性的信息；医疗服务信息是涉及医疗服务类型和医疗服务质量的信息；医疗价格信息是涉及医疗及其相关费用的信息。医疗信息是连接医疗机构和患者的纽带，是人们对医疗机构进行评价的重要因素，也是促使人们从居住地前往医疗机构治疗的动力来源。在健康旅游目的地的研究中，医疗信息发挥着重要的纽带作用，也是吸引旅游者前往目的地的直接作用因素。

医疗应用。又称之为临床应用。伴随医疗技术的发展，医疗应用取得了巨大发展，包括检测、治疗、保健、康复等方面，主要发生在医疗技术较为成熟的领域。但由于医疗政策的影响，医疗应用在不同国家和地区也有所不同，某些国家或地区已应用于医疗活动的医疗技术，可能在另一个国家或地区不被认可。医疗应用既是医疗活动的实施环节，将已成熟的医疗技术应用于特定患者，也是医疗活动的反馈环节，以获取患者的医疗评价。在健康旅游目的地的研究中，医疗应用的反馈作用更多体现在对旅游者需求的收集上，以推动旅游活动进一步发展。

二 养生要素

养生要素是健康旅游目的地系统中的基础要素，是推动健康旅游目的地发展的重要因素。通常来说，广义的养生包含从出生到死亡、从自我到他我的整个生命发展全过程，但从狭义来讲，养生是通过自然疗法和顺势疗法来实现身心健康的一种行为。在本书中笔者采用狭义的解释，即养生是通过身心养护服务来实现健康的一种活动。养生要素是以养生服务为核心的构成要素，具体包括养生服务、养生观念和养生行为。

养生服务。一般来讲,养生服务是满足顾客的养生需求而提供的产品,涉及生活中的方方面面。不同于其他服务,养生服务在目标和过程上表现出对身体的增益性。一方面,养生服务追求的是身体和心理得到不断养护,进而达到内外部以及与周边环境的"平衡"状态;另一方面,顾客可从养生服务过程中收获一种良好的体验,即感受到身体或心理得到充分放松,生命质量得以提升。随着民众对健康的广泛重视,养生服务的范围和类型不断得到拓展,从最初的温泉、按摩发展到饮食服务、睡眠服务、环境服务等各个方面。在健康旅游目的地中,养生服务是吸引旅游者的重要影响因子,也是旅游者对养生的最直接的感知。

养生观念。由于生活环境、教育程度等方面的差异,个人的养生观念存在一定的差异性。根据中国传统的观点,养生观念与养生文化密切相关。中国有悠久的养生文化传统,最早可以追溯至《老子》和《庄子》中的思想,即养生是一种"内外兼修"的活动,是"形"和"神"共同作用的结果。现代以来,在继承传统的"身心共养"思想的基础上,养生观念不断得到深化和发展,但因所在区域和发展环境等方面而有所差异。在健康旅游目的地的研究中,养生观念是旅游者对养生行为的看法以及对养生内容的认识,与旅游形象的形成关系密切。

养生行为。从需求角度来看,养生行为是根据自身养生认知所采取的具体行动。在实际生活中,养生行为的发生不仅与"自我认知"有关,也与"他人认知"相关。当"自我认知"增强时,对养生行为的接受度增加,从而追求更加适宜养生的生活环境,以至于产生基于养生的旅游行为;当"他人认知"增强时,自身会产生一种"压迫感",进而引发"行为传递",形成自身对养生的行为冲动。此外,养生行为的频率和强度也会受到认知的影响。在健康旅游目的地的研究中,养生行为是旅游者具体发生的事实,也是旅游者养生观念的外现。

三 健身要素

健身要素是健康旅游目的地系统中的延伸要素，是加强健康旅游目的地发展的因素。与养生所依靠的养生服务不同，健身通常是指通过身体运动来实现身心健康的一种行为。健身要素是以健身设施为核心的构成要素，具体包括健身设施、健身认知和健身活动。

健身设施。在日常生活中，健身设施是专门供人们参与健身活动、进行健身训练或比赛的场所或设施，包括健身场地、场馆、建筑物等固定设施。通常来说，健身设施由"社区形态"和"社会形态"两种形态共同构成。"社区形态"是服务于社区生活的健身设施，通常具有一定的公共性，但通常尺度较小；"社会形态"使用范围更为广阔，范围尺度更大，对旅游者的吸引力也更强。两种形态均对特定人群构成一定的吸引力，主要表现在两个方面：一是健身设施自身的吸引力。健身设施的"高安全性"和"高体验性"可吸引大量人群；二是健身设施的承载吸引力，当健身设施可承载的健身活动越多，就会形成对人群的吸引力，从而促进健身活动的发展。在健康旅游目的地中，健身设施是旅游设施的一部分，是旅游活动开展的基础性条件，甚至将成为吸引旅游者的重要元素。

健身认知。通常来说，健身认知可理解为对健身的基本看法和了解程度。由于生活环境和自身差异，个体可能产生不同的"认知范围"。对于部分人而言，健身活动只限于一定范围内，而对另一部分人来说，健身涵盖的范围更广。此外，健身认知也会影响人们的"健身判断"，部分人认为低强度的运动可称之为健身运动，但部分人认为高强度的活动，也是一种健身运动。在健康旅游目的地的研究中，健身认知不仅是旅游者对健身旅游项目安全性、参与性以及增益性的考虑，也是旅游者行为的决定因素。

健身活动。从宏观上来讲，所谓健身活动是指人们为实现自身健康需要而进行的主动性肢体活动。[①] 作为人们参与健身的具体形式，健身活动通常可包括比赛活动、极限运动和一般活动。比赛活动通常具有竞技性，可激发参与者的运动潜力；极限运动主要依托特殊的自然地理条件开展，可形成在区域内的独特优势；一般活动通常可在社区进行，可以体现出地域特色。从其价值来看，健身活动是激活健身设施使用价值和构成价值的重要内容，主要表现为两种形式：一是激活使用价值，使更多人能够感受到健身设施的价值所在；二是丰富构成价值，使原有设施内容发生改变，功能进一步增加，进而提升服务价值。在健康旅游目的地的研究中，健身活动不仅是保障健康的方式，也是提升健康的一种方式。

第三节　健康旅游目的地运行

为加深对构成要素的理解，笔者构建了健康旅游目的地系统的模型框架，并在此基础上，对健康旅游目的地系统的运行机制进行深入分析，以期该模型具有实际研究意义和可操作性。

如图 3-2 所示，医疗子系统、养生子系统、运动子系统、支撑子系统相互作用、互相影响，且又同时影响着健康旅游目的地的发展。医疗子系统通过医疗技术、医疗政策、医疗信息、医疗应用的互动实现医疗要素的合理转换，同时为养生子系统和健身子系统提供基本保障服务；养生子系统通过养生服务、养生观念和养生行为的互动实现养生要素的自我运转，丰富医疗子系统的内在构成，改善支撑子系统的服务条件；健身子系统通过健身设施、健身认知和健身活动的互动实现健身要素的合理发展，丰富医疗子系统的康复条件，改善支撑子系统的设施条件；支撑子系统通过生态环境、旅游资源、社区发展、管理活动实现自身的运转，助推养生子系统的产品升级，丰富健身子

[①] 参见江雯《体育活动中主体"人"的哲学内涵及地位》，《沈阳体育学院学报》2018年第1期。

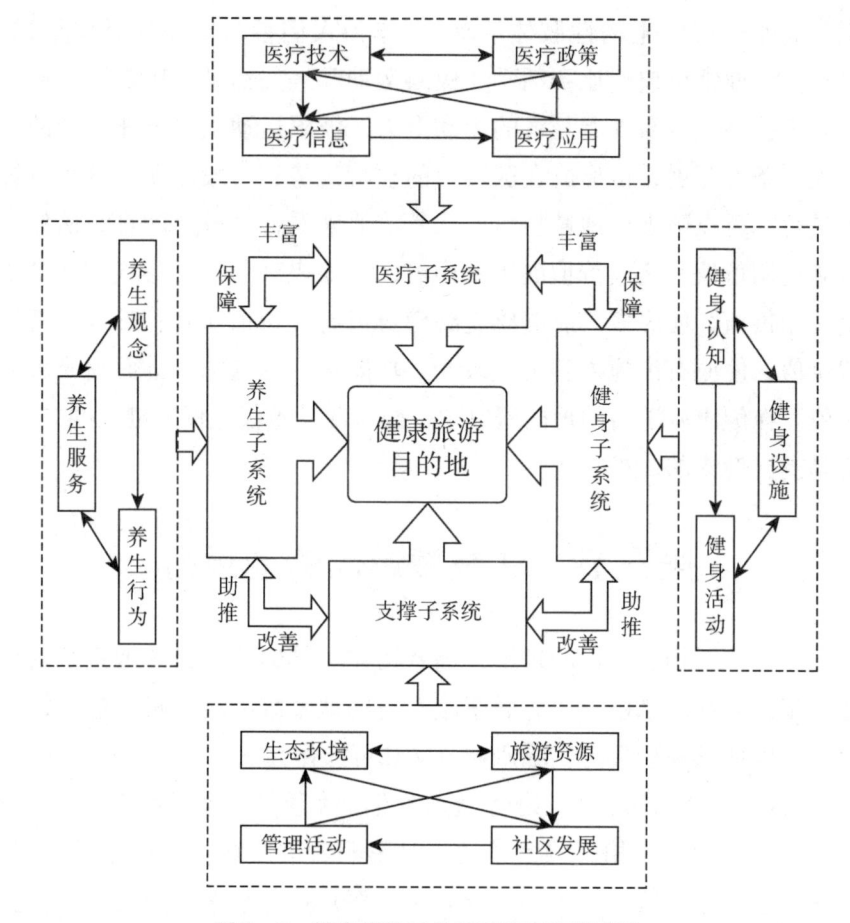

图 3-2　健康旅游目的地系统运行模型图

系统的产品体系，促进医疗子系统的发展改善。下面将详细阐述健康旅游目的地系统模型的运行机制。在健康旅游目的地系统中，存在着各种复杂关系，包含着各种子系统和构成要素，贯穿在这些复杂关系中的就是旅游活动，围绕这一核心，可形成医疗旅游、养生旅游、健身旅游等多种形式，进而影响旅游目的地的发展方向。旅游活动通过旅游市场控制医疗子系统、养生子系统、健身子系统的发展，并通过旅游者需求进行影响各个子系统的发展，使总系统始终保持在一个"动态平衡"状态。

一 医疗子系统——医疗与旅游资源的互动

医疗子系统是医疗与旅游资源的互动,使健康旅游资源内涵得以丰富。在健康旅游目的地中,医疗与旅游资源的互动使医疗要素逐渐凸显,形成两种"边界扩大"。一是医疗人群边界扩大,医疗不再仅仅服务于当地居民,也开始服务于全世界的旅游者。二是医疗作用边界扩大,医疗不再只限于保障人们的基本健康,也开始成为吸引游客的一个因素。伴随"边界扩大"的加深,医疗和旅游资源互动的频率和强度均进一步增强。从频率来看,旅游活动使医疗和资源形成"吸引共同体",对旅游者形成持续不断的健康吸引力,促使医疗与旅游资源互动进一步加快;从强度来看,旅游者使医疗的资源属性得到充分显现,成为旅游目的地竞争力的一部分,从而强化旅游活动对医疗要素的资源认同。通过医疗要素的显化和强化,使医疗逐渐从"幕后"走向"前台",并成为吸引游客的重要因素,与旅游资源的结合也变得更加紧密。

在医疗与旅游资源的互动下,医疗技术和医疗政策超越了国家或地区的边界,影响了全世界旅游者的选择,尤其对于那些来自"医疗技术非优区"和"医疗政策限制区"的居民,俨然成为一种"特殊资源"。通过旅游资源的作用,医疗信息将形成包含医疗水平、服务、价格等方面的医疗技术信息和包含签证、治疗、保障等方面的医疗政策信息。在接收医疗信息后,旅游者会形成自身健康认知,参与相应的医疗应用实践中,并形成医疗旅游的评价,反馈给当地的医疗技术提供者和医疗政策制定者。

二 养生子系统——养生与服务的互动

养生子系统是养生与服务的互动,使健康旅游服务内涵得以拓展。在健康旅游目的地中,养生与服务的互动为旅游服务增添了养生要素,形成养生和服务的"融合发展"。一方面,对"养生服务化"的认同加深，养生从一种"自养"行为，开始发展成为一种"他养"行为，即更少脱离于发生环境，更多需要依托外在力量进行激发的一种行为；另一方面，对"服务养生化"的需求增加，旅游服务不仅要满足旅游者的基本要求，也要把养生观念融入其中，给予旅游者一种健康体验。借助两者的融合发展，养生要素的作用不断提升，呈现出进一步强化的趋势。在传统养生观念基础上，养生要素不断衍生出更多服务内容，进而增强对旅游者的吸引力；在健康需求的作用下，旅游服务的养生内容也越来越多。通过养生要素的显化和强化，养生与服务融合发展，对旅游者形成一种"服务吸引力"。

在养生与服务的互动下，养生服务的内涵不断拓展，使养生与服务的界限越加模糊。对于那些没有养生观念的人来说，养生实质上就是一种服务，而不是一种"自我行为"，或者说，可以称之为借助于他人或环境来完成的"自我提升行为"。养生服务既可以提升旅游者的养生观念，激发旅游者对养生行为的需求；也可以提供正确的养生指引，纠正旅游者的错误养生行为。在养生观念形成后，旅游者会产生对"旅游养生"的自我认知，进而参与相应的养生活动，并反馈给旅游服务提供者。

三 健身子系统——健身与旅游设施的互动

健身子系统是健身与旅游设施的互动，使健康旅游设施内涵得以扩大。在健康旅游目的地的研究中，健身与旅游设施的互动为旅游设施增加了健身要素，形成健身对设施的"内容补充"。在传统的旅游设施中，健身要素并不是重要组成部分，或者说在某种程度上属于一种边缘化的构成，这种情况与健身认知有关，也与健身活动的日常生活距离密切相关。随着健身对旅游设施的作用不断增强，健身设施发展成为旅游社区的一个重要构成，并成为本地人与外地人"共享健康"的重要标志。与其他要素不同，健身设施对"本地作用"更强，既能够提供保障性设施，又能为专业人士提供提升性设施。通过健身要素的显化和强化，旅游设施的健身属性不断提升，形成对旅游者的"设施吸引力"。

在健身与旅游设施的互动下，健身设施的内涵不断扩大，使健身对设施的作用更加显著。对于越来越多的人来说，健身已经成为一种生活方式，而不仅限于发生在居住地，更需要在旅游地得以实现。随着生活节奏的加快，健身不仅成为旅游的一种构成，也可以成为一种实现空间，即能够满足自身健身需求的特殊空间。一方面，健身设施会影响健身认知，改变游客和居民对健身的看法；另一方面，健身设施也会影响健身活动，限制活动的类型和强度。在健身认知形成后，游客根据自身对健身活动的心理可接受程度，前往旅游地开展健身活动以寻求健康，并将活动开展情况反馈给旅游设施提供者。

四 支撑子系统——旅游与环境的互动

支撑子系统是旅游与环境的互动，使健康旅游环境内涵得以丰富。在健康旅游目的地的研究中，旅游与环境的互动为旅游环境提供了新的内涵，形成一种"旅游载体化"倾向。旅游依托于环境，需要生态环境支撑其发展，但同时又作用于环境，推动生态环境质量的提高。旅游发展到一定程度之后，"旅游载体化"越加明显，成为所在地的聚合载体、传递载体、派生载体。聚合载体提供了一种"凝合剂"功能，为各种存在要素提供融合的渠道和平台；传递载体是将各种信息传播出去，从而形成一定吸引力；派生载体是推动旅游活动的细分化和主题化，丰富其原有内涵。通过载体作用的显化和强化，旅游成为一种"环境性因素"，为发展健康旅游提供承载空间，也为其发展提供上升渠道。

在旅游与环境的互动中，生态环境和旅游资源发挥着重要作用，不仅作为一种基础性因素而存在，更是一种发展性因素。在运行过程中，生态环境和旅游资源作为最重要的因素，两者相互作用，一方面作用于社区发展，使社区形成发展优势或者发展劣势；另一方面在社区发展的作用下，管理活动开始发挥作用，处理在景区和社区之间存在的矛盾，促进健康旅游的发展。

通过对健康旅游目的地系统构成及其运行机制的研究，可得出以下三个结论：首先，不同于传统旅游目的地，健康旅游目的地的特点是健康因素"从隐性转为显性"。在传统旅游目的地中，健康因素包含在旅游活动中，是一种客观存在的隐性因素；但在健康旅游目的地中，健康因素成为一种显性因素，成为与其他旅游目的地区分的显著性因素。从旅游发展可以看出，健康旅游目的地产生于传统旅游目的地之后，是健康成为全世界居民共同追求的产物。其次，健康旅游目的地是具有融合性的，包含医疗、养生、健身三个构成要素。从旅游角度来看，健康包含医疗、养生、健身三个方面。其中，医疗是通过"被动治疗和参与"来实现健康，是健康旅游目的地的基础要素；养生是通过"主动治疗"来实现健康，是健康旅游目的地的核心要素；健身是通过"主动参与"来实现健康，是健康旅游目的地的延伸要素。最后，健康旅游目的地是一个有机的系统，其发展程度由医疗子系统、养生子系统、健身子系统和支撑子系统共同决定。从系统运行来看，健康旅游目的地是由医疗与旅游资源、养生与服务、健身与旅游设施、旅游与环境互动的结果。健康旅游目的地形态根据子系统的发展情况而发生改变，包含医疗旅游目的地、养生旅游目的地、健身旅游目的地和生态旅游目的地。

健康旅游目的地是一种新事物，是传统旅游目的地未来转型的方向。从健康旅游目的地系统运动模型可得知，健康旅游目的地发展既需要要素支撑，更需要运行环境。在健康旅游目的地建设过程中，要注意两点内容：第一，要推动健康要素的显化和强化，大力发展医疗、养生和健身，使健康的观念在旅游发展过程中得以凸显。第二，要推动健康要素和旅游要素的融合，促进医疗与资源、养生与服务、健身与设施、旅游与环境的互动，使健康旅游目的地系统与医疗子系统、养生子系统、健身子系统、支撑子系统得到充分发展。对健康旅游目的地构成要素及其运行机制的探讨，可以对未来健康旅游目的地发展会产生重要的启示和借鉴意义。但同时也应该认识到，健康旅游目的地是一个复杂的系统，其融合机制仍是一个需要不断探索的问题，笔者将在以后的研究继续深入。

第四章 云南健康旅游测度模型构建

本章是对云南省健康旅游发展现状与问题的分析。在健康旅游理论分析基础上，将理论应用于实践，选择云南省为案例地，对全省16个州市的健康旅游发展水平进行分析。为全面了解案例地的健康旅游发展，将从研究区域现状、产业发展现状、服务发展现状、环境质量现状对云南省健康旅游发展状况具体分析。

第一节 发展现状识别

作为传统的旅游大省，云南省健康旅游发展具有"底子好、起步早、发展快"的特点，其发展已有一定的规模。根据对相关文献和相关文件的梳理[①]，可从发展阶段和健康主题两个方面进行详细论述。

一 云南旅游现状识别

（一）发展阶段

云南省旅游何时与健康融合发展？旅游产业发展与健康产业融合难以严格区分，如温泉旅游、避寒旅游、避暑旅游等，一直处于自发交融水平。2003年开始，云南旅游产业与健康产业进入自觉融合的阶

---

① 参见董晓梅《云南健康旅游发展探析》，《西南农业大学学报》（社会科学版）2012年第5期。

段，其标志是全国"非典"事件、云南主题旅游年，自此云南省旅游产业进入一个与健康产业自觉融合的阶段，并以健康旅游作为云南省旅游产业发展的方向，其发展过程经历了三个阶段。

1. 初始起步阶段（2003—2013年）

云南省健康旅游起步较早，初始起步阶段与全国健康旅游发展时间基本同步。2003年中国爆发大规模的"SARS"（非典）疫情，"健康"在旅游发展过程中的重要性被普遍认知，云南省的旅游进入起步阶段。同年，云南省打出"神奇迷人彩云南，健康安全旅游地"旅游宣传主题，首次提出发展"健康安全旅游地"，以改善疫情导致的旅游人数下降状况；后在2008年发布的《旅游产业发展和改革规划纲要》中提出要发展康体运动旅游；2010年在云南省旅游发展大会上，时任国家旅游局局长邵琪伟建议，"云南省可依托良好气候条件和人居环境，发展健康旅游"。

2. 全面建设阶段（2014—2017年）

云南省健康旅游布局较早，全面建设阶段要早于全国对健康旅游的发展布局。2014年，云南省印发《康体养生旅游发展专项规划（2014—2020年）》，对健康旅游发展进行整体部署，标志着云南省健康旅游进入全面建设阶段。此后，各州市结合自身发展情况，提出相应的发展目标。其中，2016年昆明提出依托大健康产业，打造"中国健康之城"。2016年，《云南省旅游产业"十三五"发展规划》发布，将健康旅游作为"旅游+"的重要内容，提出发展养生、养老、医疗、体育等多种健康旅游形式；2017年，《"健康云南2030"规划纲要》发布，将健康旅游视为重要的特色健康服务新业态，并专门提出发展健身休闲运动产业和中医药健康旅游。

3. 优化提升阶段（2018年至今）

云南省健康旅游急须优化，优化提升阶段为健康旅游提出了新要求。2018年，云南省"两会"提出打造世界一流"健康生活目的地"，对健康旅游发展提出更高要求，标志着云南健康旅游进入优化提升阶段。其中，世界一流的"三张牌"中，"健康生活目的地牌"和"绿色食品牌"均指向健康旅游的发展；2019年，云南省政府工作报告提出将持续打造世界一流"三张牌"，为云南省发展世界一流的健康旅游提供了重要支撑。

综上所述，云南省旅游发展正处于优化提升阶段。作为旅游资源大省和健康资源较为优越的省份，健康旅游发展符合云南省的旅游发展需要，云南省的健康旅游发展已形成一定的规模，具有一定的基础。为此，本书选择云南省作为案例地，可利用其发展基础对发展水平模型进行适用性验证，也可对云南省健康旅游发展水平进行探索性验证，以助推云南省健康旅游的发展。

（二）健康主题

伴随云南全省健康旅游的发展，各州市健康旅游发展问题逐步显现。通过对云南省16个州市旅游宣传口号的分析（见表4-1），按照与健康旅游发展的相关程度，划分出6个直接相关型和10个间接相关型，在健康旅游主题方面包括主题重叠和内容交叉两个方面问题。

表4-1　　　　　云南省16个州市的旅游宣传口号

地区	旅游宣传口号	类型
昆明	世界春城花都，中国健康之城	直接相关型
曲靖	珠江之源，魅力曲靖	间接相关型
玉溪	天人合一，休闲玉溪	直接相关型
保山	温润保山，美玉神汤	直接相关型
昭通	磅礴乌蒙，神奇昭通	间接相关型
丽江	天雨流芳，梦幻丽江	间接相关型
普洱	天赐普洱，世界茶源	间接相关型
临沧	世界佤乡好地方，避暑避寒到临沧	直接相关型
楚雄	神奇彝族，风情楚雄	间接相关型
红河	云上梯田，梦想红河	间接相关型
文山	最后的世外桃源，永远的三七之乡	直接相关型
西双版纳	神奇美丽的西双版纳	间接相关型
大理	风花雪月，自在大理	间接相关型

续表

地区	旅游宣传口号	类型
德宏	魅力德宏,浪漫之旅	间接相关型
怒江	天境怒江,心灵呼吸的地方	直接相关型
迪庆	永远的香格里拉	间接相关型

资料来源:笔者根据云南省各州市形象视频、推广资料、规划文本等资料整理。

1. 直接相关型——主题重叠

在健康旅游主题直接相关的6个州市,发展主题具有一定的重叠性。昆明的主题"世界春城花都,中国健康之城"与临沧的"世界佤乡好地方,避暑避寒到临沧"具有一定的重叠性,突出气候优势来吸引旅游者;玉溪的"天人合一,休闲玉溪"与怒江的"天境怒江,心灵呼吸的地方"也具有一定的重叠性,通过旅游地对心理健康的作用来吸引旅游者。保山"温润保山,美玉神汤"的温泉资源与文山"最后的世外桃源,永远的三七之乡"的三七资源凸显自身优势,但同样在表现气候优势方面具有一定的重叠性。

2. 间接相关型——内容交叉

在健康旅游间接相关的10个州市,发展内容具有一定的交叉性。曲靖的"珠江之源,魅力曲靖"包含环境健康的内容,与德宏的"魅力德宏,浪漫之旅"具有一定的交叉性,包含同样的环境内容;昭通的"磅礴乌蒙,神奇昭通"和楚雄的"神奇彝族,风情楚雄"在内容上均使用"神奇"来表现自身特点,在健康旅游内容上也存在一定的交叉性。

二 产业规模现状

云南省健康旅游产业发展现状主要通过对16个州市的旅游产业、健康产业发展现状分析来说明,所采用指标为旅游产业和健康产业两个方面。

(一)旅游产业

旅游产业选取旅游经济发展和旅游景区发展来说明,采用旅游收入占 GDP 的比重、地均旅游人数、5A 级景区和 3A 级及以上景区等指标。

1. 旅游经济

通过对云南省 16 个州市旅游经济发展情况（见表 4－2）分析可得：昆明在地区生产总值、旅游总收入、旅游人数方面遥遥领先，远远高于云南省其他州市；丽江、西双版纳、迪庆、德宏旅游收入占 GDP 的比重较高，对旅游发展的依赖程度较重；在人均旅游消费方面，丽江、德宏、大理、西双版纳排名靠前，属于旅游消费较为热门的区域。

表 4－2　　　　云南省 16 个州市旅游经济发展情况

地区	土地面积（KM2）	地区生产总值（亿元）	旅游总收入（亿元）	旅游人数（万人次）	旅游收入占 GDP 比重（%）	排名	人均旅游消费 数值（元）	排名
昆明	21473	5206.90	2180.08	16053.43	41.87	10	1358.01	6
曲靖	29855	2013.36	439.79	3926.87	21.84	16	1119.95	10
玉溪	15285	1493.04	368.34	4290.93	24.67	15	858.42	15
保山	19637	738.14	336.68	2982.09	45.61	7	1129.01	9
昭通	23021	889.54	311.90	3821.33	35.06	13	816.21	16
丽江	21219	350.76	998.45	4643.30	284.65	1	2150.30	1
普洱	45385	662.48	354.11	3487.28	53.45	6	1015.43	13
临沧	24469	630.02	256.73	2506.14	40.75	11	1024.40	12
楚雄	29258	1024.33	452.17	4460.24	44.14	8	1013.77	14
红河	32930	1593.77	699.22	5718.56	43.87	9	1222.72	7
文山	32239	859.06	320.22	2929.86	37.28	12	1092.96	11
西双版纳	19700	417.79	671.14	3973.00	160.64	2	1689.25	4
大理	29459	1122.44	795.82	4710.85	70.90	5	1689.33	3
德宏	11526	381.06	476.25	2528.02	124.98	4	1883.89	2
怒江	14703	161.56	55.54	405.69	34.38	14	1369.06	5
迪庆	23870	217.52	275.00	2410.20	126.43	3	1140.99	8

资料来源：根据《2018 年云南省统计年鉴》整理。

通过对旅游收入占 GDP 的比重和地均旅游人数进行三等分（三等分采用自然间断点分级法对数据进行分级，下同），得出云南省 16 个州市旅游经济发展情况，云南省旅游收入占GDP的比重分布不均匀，呈现"西部占比高，东部占比低"的发展布局；西部出现怒江、玉溪两个旅游发展"洼区"，旅游收入占比相对较低；云南省人均旅游消费较高的地区主要集中在西北部，以德宏、大理、丽江为代表；西双版纳旅游发展较快，在旅游收入占GDP比重和地均旅游人数方面均表现较为优异，可作为旅游经济发展的核心之一。

2. 旅游景区

通过对云南省16个州市旅游景区发展情况（见表4-3）分析可得，昆明和丽江是云南省5A级景区最多的地方，其总数占据云南省的一半；西双版纳、大理、昆明、红河、丽江、楚雄、曲靖的4A级景区总量较高，是云南省旅游资源开发较为成熟的区域；从3A级及以上的景区总量来看，红河居于首位，大理、楚雄、昆明、曲靖、丽江、普洱、西双版纳紧随其后，是云南省旅游资源较为丰富的区域。

表4-3　　　云南省16个州市旅游景区发展情况　　　（单位：家）

州市	5A级景区	4A级景区	3A级景区	3A级以上景区数量 数值	3A级以上景区数量 排名
昆明	2	8	10	20	4
曲靖	0	6	7	13	5
玉溪	0	5	5	10	11
保山	1	1	7	9	12
昭通	0	1	10	11	10
丽江	2	7	3	12	7
普洱	0	4	8	12	7
临沧	0	0	13	13	5
楚雄	0	7	15	22	3
红河	0	8	16	24	1
文山	0	1	2	3	15
西双版纳	1	10	1	12	7
大理	1	9	13	23	2
德宏	0	2	2	4	14

续表

州市	5A级景区	4A级景区	3A级景区	3A级以上景区数量	
				数值	排名
怒江	0	0	1	1	16
迪庆	1	5	2	8	13

资料来源：根据云南省文化和旅游厅及各地州网站整理，时间截止到2019年12月。

通过对5A级景区和3A级及以上景区的数量进行三等分，可得出云南省16个州市旅游景区发展情况分布图（见图4-1），云南省高等级旅游资源分布呈现"西北聚集"的趋势，其他区域分布较少；云南省旅游资源主要集中在"大理—楚雄—昆明—红河"一线，其他区域分布的旅游景区数量较少。

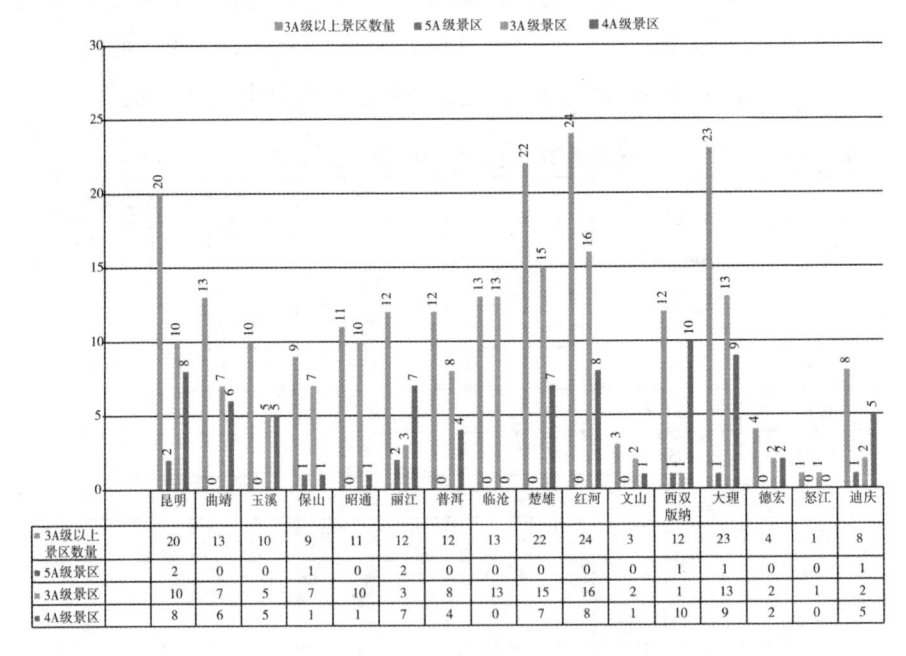

	昆明	曲靖	玉溪	保山	昭通	丽江	普洱	临沧	楚雄	红河	文山	西双版纳	大理	德宏	怒江	迪庆
3A级以上景区数量	20	13	10	9	11	12	12	13	22	24	3	12	23	4	1	8
5A级景区	2	0	0	0	0	2	0	0	0	0	0	1	1	0	0	1
3A级景区	10	7	5	7	10	3	8	13	15	16	2	1	13	2	1	2
4A级景区	8	6	5	1	1	7	4	0	7	8	1	10	9	2	0	5

图4-1 云南省16个州市旅游景区发展情况分布图

（二）健康产业

在健康产业发展现状上，本书选取健康医药产业和健康养生产业来说明，采用药材种植产量、花卉种植产量等指标。

1. 健康医药产业

通过对云南省16个州市药材种植情况（见表4-4）分析可得，曲靖在药材种植方面处于领先地位，其产量占到全省的四分之一以上，远高于全省其他区域；从药材种植增长情况来看，玉溪处于领跑地位，正加快医药方面的发展布局；丽江在药材种植方面表现突出，不仅在产量方面排名较高，在增长率方面也发展较快，健康发展趋势正逐步显现。

表4-4　　　　　云南省16个州市药材种植发展情况

州市	种植产量（万吨）	占全省的比率		近五年平均增长率	
		比重（%）	排名	增长率（%）	排名
昆明	2.312	5.687	6	16.227	9
曲靖	10.571	26.001	1	14.294	12
玉溪	1.760	4.330	10	74.114	1
保山	1.260	3.099	13	22.862	4
昭通	1.876	4.614	9	5.576	14
丽江	3.928	9.662	3	25.735	3
普洱	1.445	3.553	12	19.213	6
临沧	0.827	2.034	14	-7.022	16
楚雄	2.215	5.447	7	38.792	2
红河	3.825	9.408	4	5.404	15
文山	1.591	3.913	11	15.618	10
西双版纳	0.398	0.978	16	18.534	7
大理	2.417	5.944	5	17.696	8
德宏	1.888	4.644	8	14.486	11
怒江	0.416	1.023	15	13.583	13
迪庆	3.929	9.663	2	20.600	5

资料来源：根据《2018年云南省统计年鉴》整理。

通过对产量占全省的比率和近五年平均增长率进行三等分，可得出云南省16个州市药材种植发展情况分布图（见图4-2），云南省药材种植主要呈现"两头重"的发展格局，即主要在西北部和东部两个区域，具有明显的集中性；云南省药材种植发展较快，以玉溪为中心形成了两条"快速增长带"，一条向东南延伸，另一条向西北延伸，使云南省健康产业优势进一步增强。

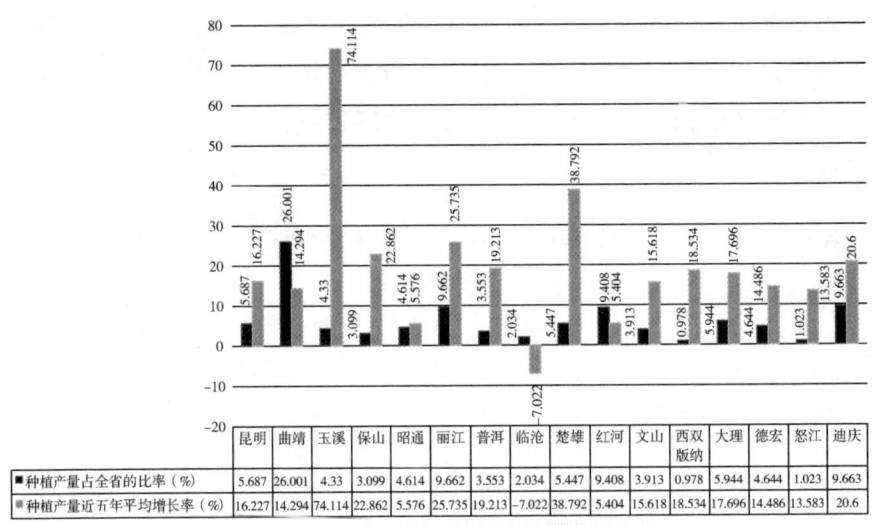

	昆明	曲靖	玉溪	保山	昭通	丽江	普洱	临沧	楚雄	红河	文山	西双版纳	大理	德宏	怒江	迪庆
种植产量占全省的比率（%）	5.687	26.001	4.33	3.099	4.614	9.662	3.553	2.034	5.447	9.408	3.913	0.978	5.944	4.644	1.023	9.663
种植产量近五年平均增长率（%）	16.227	14.294	74.114	22.862	5.576	25.735	19.213	-7.022	38.792	5.404	15.618	18.534	17.696	14.486	13.583	20.6

图 4 - 2　云南省 16 个州市药材种植发展情况分布图

2. 健康养生产业

通过对云南省 16 个州市花卉种植情况（见表 4 - 5）分析可得，昆明是云南省花卉种植的核心区，其产量可占到云南省的一半以上，在全省处于绝对领先地位；德宏、西双版纳、红河、丽江、楚雄、玉溪、普洱发展速度很快，在花卉市场上已形成一定规模，具备一些花卉养生的基础条件。

表 4 - 5　云南省 16 个州市花卉种植发展情况

州市	鲜切花产量（亿枝）	产量占全省的比率		近五年平均增长率	
		比重（%）	排名	增长率（%）	排名
昆明	72.45	64.555	1	1.640	10
曲靖	5.05	4.500	5	-8.209	13
玉溪	16.87	15.032	2	11.681	6

续表

州市	鲜切花产量（亿枝）	产量占全省的比率		近五年平均增长率	
		比重（%）	排名	增长率（%）	排名
保山	0.04	0.036	13	0.000	11
昭通	0.06	0.053	11	-62.691	15
丽江	1.12	0.998	6	31.951	4
普洱	0.22	0.196	9	11.095	7
临沧	0.06	0.053	11	8.447	8
楚雄	7.59	6.763	3	30.054	5
红河	7.14	6.362	4	33.088	3
文山	0.01	0.009	14	-55.907	14
西双版纳	0.86	0.766	7	70.321	2
大理	0.54	0.481	8	6.186	9
德宏	0.22	0.196	9	85.560	1
怒江	0.00	0.000	15	-100.000	16
迪庆	0.00	0.000	15	0.000	11

资料来源：根据《2018年云南省统计年鉴》整理。

通过对产量占全省的比率和近五年平均增长率进行三等分，可得出云南省16个州市花卉种植发展情况分布图（见图4-3），云南省花卉种植主要呈现"中部开花"的布局，主要集中在以昆明、楚雄、玉溪、红河为代表的中部区域，处于云南省花卉种植的核心区；在增长速度方面，云南省整个区域的增长速度均表现较快，呈现出"百花齐放"的景象。

三 服务能力现状

云南省健康旅游服务能力现状主要通过对16个州市的旅游服务、健康服务发展现状分析来说明，所采用指标为旅游服务和健康服务两个方面。

(一) 旅游服务

通过对云南省16个州市旅游文化服务发展情况（见表4-6）分

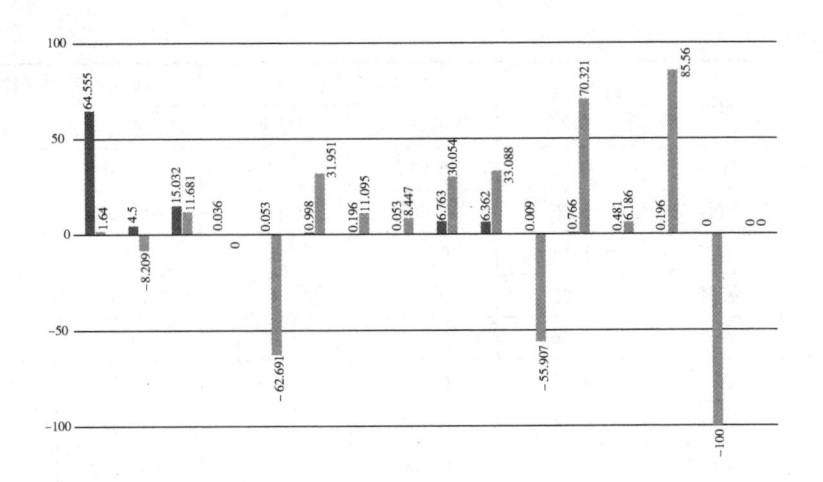

	昆明	曲靖	玉溪	保山	昭通	丽江	普洱	临沧	楚雄	红河	文山	西双版纳	大理	德宏	怒江	迪庆
鲜切花产量占全省的比率（%）	64.555	4.5	15.032	0.036	0.053	0.998	0.196	0.053	6.763	6.362	0.009	0.766	0.481	0.196	0	0
鲜切花产量近五年平均增长率（%）	1.64	-8.209	11.681	0	-62.691	31.951	11.095	8.447	30.054	33.088	-55.907	70.321	6.186	85.56	-100	0

■鲜切花产量占全省的比率（%）　■鲜切花产量近五年平均增长率（%）

图4-3　云南省16个州市花卉种植发展情况分布图

析可得，云南省公共文化设施最发达的城市是昆明市，公共图书馆数量、艺术表演场所数量、群众艺术馆及文化馆数量、博物馆数量均占据第一，仅文化站数量稍落后于昭通；从人均来看，迪庆、怒江、丽江、德宏等地是文化资源最为丰富的地区，旅游文化服务发展水平较高，旅游服务能力较强。

表4-6　云南省16个州市旅游文化服务发展情况

州市	公共图书馆数量（个）	艺术表演场所数量（个）	群众艺术馆及文化馆数量（个）	文化站数量（个）	博物馆数量（个）	公共文化设施总量（个）	每十万人文化设施数量 数值（个）	排名
昆明	17	7	15	139	33	211	3.08	15
曲靖	11	2	10	133	12	168	2.73	16
玉溪	10	8	10	75	5	108	4.53	8
保山	7	0	6	81	17	111	4.23	9

续表

州市	公共图书馆数量（个）	艺术表演场所数量（个）	群众艺术馆及文化馆数量（个）	文化站数量（个）	博物馆数量（个）	公共文化设施总量（个）	每十万人文化设施数量 数值（个）	每十万人文化设施数量 排名
昭通	12	1	12	146	4	175	3.13	14
丽江	6	0	6	65	6	83	6.40	3
普洱	11	0	11	105	8	135	5.12	5
临沧	9	0	10	84	3	106	4.18	10
楚雄	11	2	11	103	5	132	4.80	6
红河	14	1	14	139	12	180	3.79	12
文山	9	0	9	105	3	126	3.45	13
西双版纳	4	2	4	44	2	56	4.71	7
大理	13	0	14	110	13	150	4.17	11
德宏	7	0	7	58	6	78	5.93	4
怒江	5	0	5	29	2	41	7.41	2
迪庆	4	2	4	29	4	43	10.39	1

资料来源：根据《2018年云南省统计年鉴》整理。

通过对公共文化设施总量和每十万人文化设施数量进行三等分，可得出云南省16个州市旅游文化服务发展情况分布图（见图4-4），

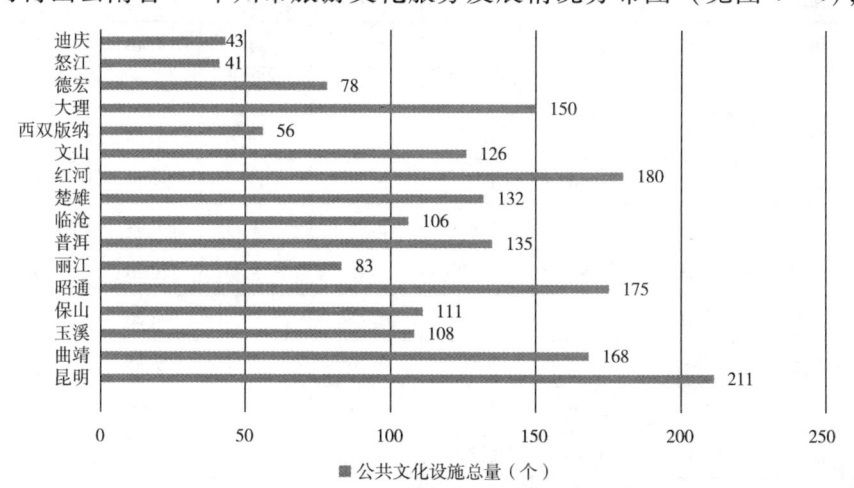

图4-4 云南省16个州市旅游文化服务发展情况分布图

云南省旅游文化服务呈现出"东部高、西部低"的趋势，东部属于文化发展较为发达的区域；而由于西部人口较少，文化资源相对充足，甚至高于东部地区的发展。

(二) 健康服务

通过对云南省16个州市医疗卫生服务发展情况（见表4-7）分析可得，昆明是云南省医疗卫生服务发展最好的地方，并在医疗卫生机构数量、医疗卫生机构床位数、卫生技术人员数量上远远领先于其他区域；在医疗卫生机构发展方面，昆明、德宏、西双版纳发展条件较为优越，拥有较多的医疗卫生机构床位数；在卫生技术人员方面，昆明、西双版纳、玉溪、德宏、丽江均具有较好的医疗保障水平。

表4-7　　云南省16个州市医疗卫生服务发展情况

州市	医疗卫生机构数量（个）	医疗卫生机构床位数（万张）	卫生技术人员数量（万人）	每千人拥有医疗卫生机构床位数 数值（张）	排名	每千人拥有卫生技术人员数量 数值（人）	排名
昆明	4892	6.36	7.92	9.28	1	11.56	1
曲靖	2540	3.35	2.38	5.44	8	3.87	16
玉溪	1424	1.36	1.80	5.68	7	7.53	3
保山	1302	1.36	1.33	5.16	10	5.06	13
昭通	2062	2.87	2.46	5.14	11	4.40	15
丽江	1335	0.61	0.87	4.71	15	6.74	5
普洱	530	1.34	1.47	5.07	14	5.58	9
临沧	1337	1.30	1.32	5.13	12	5.21	12
楚雄	1756	1.64	1.64	5.96	4	5.99	7
红河	2483	2.81	2.50	5.92	5	5.26	10
文山	1362	1.91	1.92	5.23	9	5.26	11
西双版纳	727	0.78	0.99	6.56	3	8.35	2
大理	2015	2.09	2.16	5.81	6	6.00	6
德宏	558	0.91	0.91	6.90	2	6.90	4
怒江	331	0.28	0.27	5.10	13	4.97	14

续表

州市	医疗卫生机构数量（个）	医疗卫生机构床位数（万张）	卫生技术人员数量（万人）	每千人拥有医疗卫生机构床位数 数值（张）	排名	每千人拥有卫生技术人员数量 数值（人）	排名
迪庆	304	0.16	0.25	3.90	16	5.98	8

资料来源：根据《2018年云南省统计年鉴》整理。

通过对每千人拥有医疗机构床位数和每千人拥有卫生技术人员数量进行三等分，可得出云南省16个州市医疗卫生服务发展情况分布图（见图4-5），云南省西北部拥有的医疗机构床位数较少，与云南省其他区域相比，相对处于劣势；但在卫生技术人员方面，滇中和滇西北部具有明显的优势，连成"医疗服务保障带"。

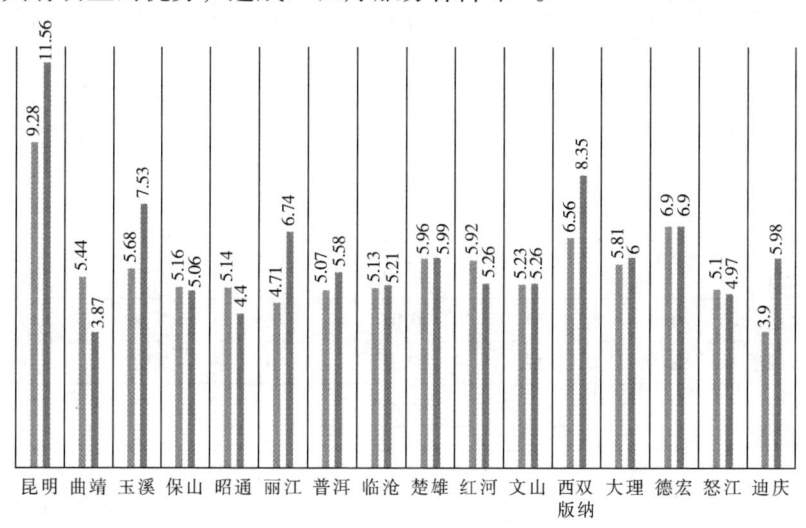

州市	每千人拥有医疗卫生机构床位数（张）	每千人拥有卫生技术人员数量（人）
昆明	9.28	11.56
曲靖	5.44	3.87
玉溪	5.68	7.53
保山	5.16	5.06
昭通	5.14	4.4
丽江	4.71	6.74
普洱	5.07	5.58
临沧	5.13	5.21
楚雄	5.96	5.99
红河	5.92	5.26
文山	5.23	5.26
西双版纳	6.56	8.35
大理	5.81	6
德宏	6.9	6.9
怒江	5.1	4.97
迪庆	3.9	5.98

图4-5 云南省16个州市医疗卫生服务发展情况分布图

四 环境质量现状

云南省健康旅游环境质量现状主要通过对16个州市的旅游环境、健康环境质量现状分析来说明，所采用指标为旅游环境和健康环境两个方面。

（一）旅游环境

通过对云南省16个州市旅游环境质量现状（见表4-8）分析可得，楚雄、昆明、曲靖在城市污水处理方面排在前列，对水环境的友好度较强；昆明的绿化覆盖率排名第一，在旅游环境方面具有优势地位；昆明的空气质量污染比较严重，排在云南省首位。

表4-8　　　云南省16个州市旅游环境质量现状

州市	城市污水处理率 处理率（%）	排名	绿化覆盖面积 数值（KM²）	排名	空气质量综合指数 指数（%）	排名
昆明	97.14	2	232.14	1	3.83	1
曲靖	95.02	3	85.98	2	3.48	4
玉溪	93.46	6	43.22	5	3.63	3
保山	92.02	10	39.1	8	2.71	12
昭通	87.37	13	40.94	7	3.21	5
丽江	93.97	5	18.11	15	2.51	15
普洱	92.88	8	33.37	11	2.67	13
临沧	93.02	7	30.89	12	3.18	6
楚雄	97.51	1	48.33	4	3.13	8
红河	93.98	4	70.12	3	2.9	10
文山	84.01	15	36.07	9	2.86	11
西双版纳	88.56	12	34.1	10	2.96	9
大理	92.45	9	42.25	6	2.53	14
德宏	86.18	14	27.04	13	3.73	2
怒江	62.16	16	5.61	16	3.17	7
迪庆	91.7	11	19.92	14	2.25	16

资料来源：参考《2018年云南省统计年鉴》整理。

通过对绿化覆盖面积和空气质量综合指数进行三等分，可得出云南省16个州市旅游环境质量情况分布图（见图4-6），绿化覆盖面积呈现出"东部高、西部低"的趋势，昆明市处于发展的中心；在空气质量方面，与绿化覆盖呈现出相反的变化趋势，以昆明为中心的空气污染指数较高，存在一定的环境问题，说明了东部旅游环境质量要劣于西部。

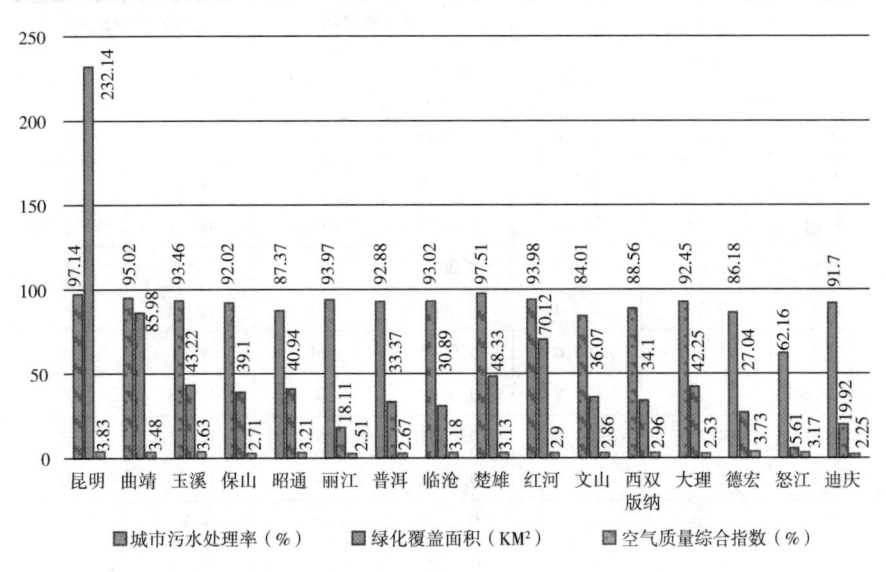

图 4-6　云南省 16 个州市旅游环境质量情况图

(二) 健康环境

通过对云南省 16 个州市健康环境质量现状 (见表 4-9) 分析可得，云南省健康环境与旅游环境呈现出不同的状况，迪庆、怒江、丽江、玉溪、大理是云南省健康环境最优越的地区，人均湿地面积较多；在人均公园绿地面积方面，丽江的竞争力不断凸显，占据领先地位。

表 4-9　　　　　　云南省 16 个州市健康环境质量现状

州市	天然湿地面积（万公顷）	年末总人口（万人）	人均湿地面积		人均公园绿地面积	
			面积（平方米）	排名	面积（平方米）	排名
昆明	4.72	685	0.0069	10	11.31	7
曲靖	1.68	615.54	0.0027	16	11.44	6
玉溪	3.89	238.6	0.0163	4	11.74	5
保山	1.73	262.7	0.0066	11	10.98	8
昭通	2.28	559.1	0.0041	15	8.57	16

续表

州市	天然湿地面积（万公顷）	年末总人口（万人）	人均湿地面积 面积（平方米）	人均湿地面积 排名	人均公园绿地面积 面积（平方米）	人均公园绿地面积 排名
丽江	3.02	129.6	0.0233	3	15.98	1
普洱	3.07	263.7	0.0116	6	10.68	9
临沧	1.36	253.6	0.0054	12	10.61	11
楚雄	2.07	274.8	0.0075	9	12.3	4
红河	2.29	474.4	0.0048	13	12.38	3
文山	1.66	365.4	0.0045	14	8.63	15
西双版纳	1.28	118.8	0.0108	7	14.25	2
大理	4.72	359.93	0.0131	5	10.31	12
德宏	1.41	131.6	0.0107	8	10.63	10
怒江	1.38	55.3	0.0250	2	9.91	14
迪庆	3.28	41.4	0.0792	1	10.3	13

资料来源：根据《2018年云南省统计年鉴》整理。

通过对天然湿地面积和人均公园绿地面积进行三等分，可得出云南省16个州市健康环境质量情况分布图（见图4-7），云南省西北部

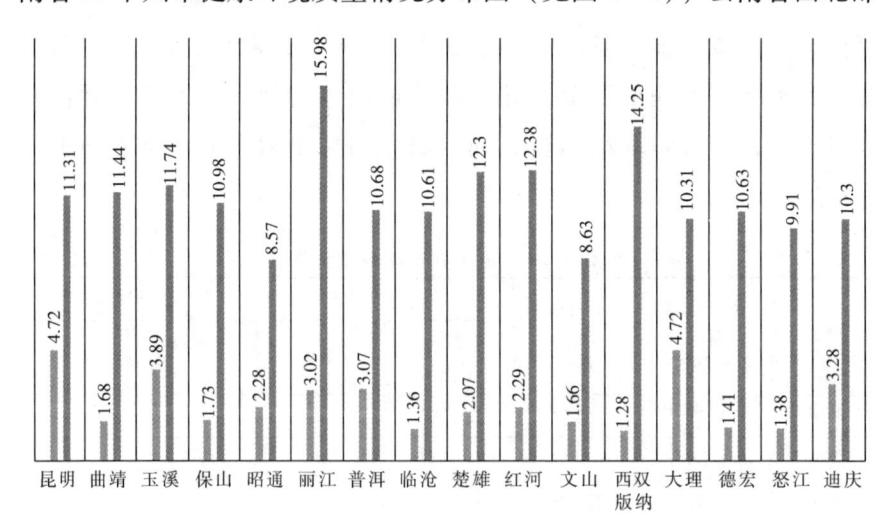

图4-7 云南省16个州市健康环境质量情况图

的天然湿地面积较高，健康生态环境保护较好，具有良好的生态开发价值；在人均公园绿地面积上，丽江和西双版纳较为领先，分别处于滇西北和滇西南的中心，形成较好的健康宜居环境。

通过对云南省健康旅游发展现状与问题分析，可得到以下两个结论：第一，云南省健康旅游发展已有一定规模，云南省健康旅游经历了初始起步阶段、全面建设阶段，现已进入优化提升阶段。第二，云南省健康旅游发展矛盾突出，从全省来看昆明市虽具有绝对的发展优势，但还存在一定不足，发展的不均衡影响了健康旅游的进一步发展。

第二节　模型构建思路

健康旅游发展水平是在对健康旅游理论确立基础上，通过定量、实证的方式来测度云南省健康旅游发展水平怎么样，具有哪些发展特征，存在哪些发展不充分的地方。因此，健康旅游发展水平测度模型主要涉及三个问题，即计算发展程度、识别发展特征、明确提升路径。

一　计算发展程度

健康旅游发展程度计算需要解决两方面的问题，一个是选择哪些指标，另一个是怎么测的问题。通过对健康旅游概念探析，可知健康旅游存在产业驱动、服务融合、环境协调三大动力源，分别对应不同的发展模式，为健康旅游发展水平评价指标体系建立提供了思路。在发展水平测度方面，熵值法是一种客观的评价方法，可对指标权重进行客观计算，以计算健康旅游发展水平。因此，基于健康旅游发展机理，结合云南省统计现状，本书从产业、服务、环境三个维度建立健康旅游发展水平评价指标体系，借助熵值法计算指标权重，以全面反映云南省健康旅游的发展程度。

二　识别发展特征

健康旅游发展特征识别需要从时间层面对云南省健康旅游发展水

平进行全面分析，以总结归纳健康旅游发展所存在的特征。在对健康旅游发展水平进行定量测度的基础上，结合不同区域的发展情况，本书拟提出一套具有科学性和适用性的分类体系及判断标准。分类体系及判断标准的提出一方面可准确识别不同区域所处的健康旅游发展阶段，衡量健康旅游的发展状态；另一方面可为不同区域提供健康旅游未来发展的方向，从产业型健康旅游、服务型健康旅游、环境型健康旅游三方面对不同区域的健康旅游发展做出判断。

三 明确提升路径

在确定测度发展程度、识别发展类型之后，本书拟采用 ArcGIS 软件、社会网络分析技术、地理探测器等对发展水平结果进行空间分析和要素分析，以准确判断健康旅游发展所存在的问题。空间分析是一种地理学分析方法，可通过全局自相关分析、局部自相关分析等方法对不同区域发展情况进行分析，以便从空间布局方面提出具体的对策建议。通过多种分析方法的综合，可全面、准确地了解区域健康旅游发展的优势和劣势，明确发展的重点和方向，为后期进行优化路径提供一定的建议。

第三节 指标体系确立

一 指标选取原则

(一) 科学性与层次性相结合

科学性与层次性相结合既保证所选指标符合客观实际情况，又满足指标体系对于有序的要求。在指标体系的建立过程中，评价指标的科学性至关重要，对整个评价起着决定性作用；同时，指标体系的建立需要进行分类整理，以清晰展示各个指标在总评价指标当中所占有的位置。通过两者结合，所选指标之间相互包含关系将得以避免，其独立性可进一步发挥作用。

（二）完备性与代表性相结合

完备性与代表性相结合可发挥评价指标全面性和典型性的优势，完整呈现所评价事物的全部状态。在指标体系建立过程中，具有完备性的评价指标可全面地展现健康旅游发展水平，从产业、服务、环境三方面系统地描述其发展状态；但过分地追求完备性可导致评价指标在某些方面失之偏颇，不能突出典型性。通过完备性和代表性两者的结合，所选指标不仅可发挥全面性优势，又可避免过分完备所导致的"典型性缺失"，准确事物本身所具有的属性。

（三）可测性与可行性相结合

可测性与可行性相结合是指标的可量化性与可采集性的统一，可保证对指标进一步量化的需要。在指标体系建立过程中，评价指标的可测性是为了满足量化基本要求，充分发挥量化测量的优势；评价指标的可行性是为了增强指标的可获取性，以适应不同区域的统计发展情况，便于不同区域之间进行对比研究。通过可测性与可行性两者的结合，所选指标将更符合各个区域数据采集的需要，而又可增加指标的"转化效率"，满足指标计算的量化要求。

二　指标体系框架

基于健康旅游的理论分析，结合前人在健康旅游产业、健康旅游服务、健康旅游环境方面的研究成果，根据科学性与层次性相结合、完备性与代表性相结合、可测性与可行性相结合的原则，构建由"一个体系，三个方面"构成的评价指标体系（见图4-8）。一个体系，即健康旅游发展水平评价指标体系；三个方面，即产业发展水平、服务发展水平、环境质量水平。

三　具体指标确立

构建健康旅游发展水平评价指标体系的目的在于：对云南省健康旅游发展水平进行纵向评价，对云南省16个州市的健康旅游发展水平

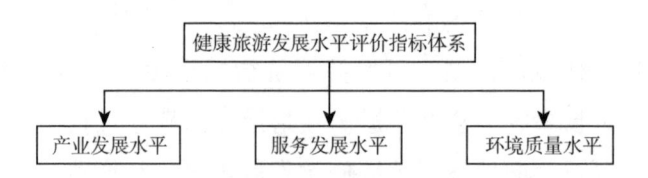

图 4-8 健康旅游发展水平评价指标体系框架

进行横向对比。因此，本书从产业发展水平、服务发展水平、环境质量水平出发，结合云南省统计数据的可获取性，借鉴国内外学者在研究旅游发展水平和健康发展水平所采用的指标，建立健康旅游发展水平评价指标体系（见表4-10）。鉴于医药生物产业的数据难以获取，故没有将其列入评价指标体系。

表 4-10 健康旅游发展水平评价指标体系（I-M-E）

目标	一级指标	二级指标	三级指标	变量	单位	属性	指标说明	指标来源
健康旅游发展水平评价指标	产业发展水平	旅游产业	旅游总收入占本地GDP的比重	H1	%	正	旅游总收入/本地GDP*100%	《中国全域旅游发展水平评价及其空间特征》
			入境旅游消费水平	H2	元	正	旅游外汇收入/国际旅游人数*100%	《全域旅游发展水平评价指标体系构建与实证》
			国内接待人数	H3	万人次	正	旅游总人数	《全域旅游发展水平评价指标体系构建与实证》
		健康产业	药材产量	H4	万吨	正	各州市药材种植产量	根据《我国中医药旅游发展探析》拟定
			茶叶产量	H5	万吨	正	各州市茶叶产量	根据《我国中医药旅游发展探析》拟定
			鲜切花产量	H6	亿枝	正	各州市鲜切花产量	根据《我国中医药旅游发展探析》拟定
	服务发展水平	旅游服务	等级公路密度	H7	km/km²	正	等级公路的总里程与总面积之比	《基于地理探测器的重庆市旅游发展水平空间分异影响因子研究》
			载客汽车拥有量	H8	万辆	正	各州市载客汽车拥有量	云南省智慧旅游发展水平测度及空间差异研究
			邮政业务总量	H9	亿元	正	各州市邮政业务总量	云南省智慧旅游发展水平测度及空间差异研究

续表

目标	一级指标	二级指标	三级指标	变量	单位	属性	指标说明	指标来源
健康旅游发展水平评价指标	服务发展水平	健康服务	每千人拥有公共卫生人员数	H10	人	正	卫生技术人员数/地区总人口*1000	《全国健康城市评价指标体系（2018版）》
			每千人医疗卫生机构床位数	H11	张	正	医疗卫生机构床位数/地区总人口*1000	《全国健康城市评价指标体系（2018版）》
			每万人拥有医疗卫生机构数	H12	家	正	医疗卫生机构数/地区总人口*10000	《中国医疗卫生发展水平区域差异综合评价》
	环境质量水平	旅游环境	城市污水处理率	H13	%	正	城市污水处理总量/c城市污水总量	《中部地区城市旅游竞争力动态评价研究》
			建成区绿化覆盖率	H14	%	正	绿化覆盖面积/城区面积	《中部地区城市旅游竞争力动态评价研究》
			空气综合污染指数	H15	mg/m³	负	各州市空气污染指数	《全域旅游发展水平评价指标体系构建与实证》
		健康环境	天然湿地面积占国土面积比重	H16	千公顷	正	天然湿地面积/地区总面积	《全域旅游发展水平评价指标体系构建与实证》
			人均公园绿地面积	H17	平方米	正	各州市人均公园绿地面积	《全国健康城市评价指标体系（2018版）》
			空气质量优良天数占比	H18	%	正	空气质量达到及好于二级的天数/全年总天数	《全国健康城市评价指标体系（2018版）》

资料来源：作者在研究基础上归纳整理而成。

本书从产业、服务、环境三个方面来建立适合测度云南省健康旅游发展水平的评价指标体系。

产业发展水平主要使用6个指标，分别为旅游总收入占本地GDP的比重、入境旅游消费水平、国内接待人数、药材产量、茶叶产量、鲜切花产量。其中，旅游总收入占本地GDP的比重、入境旅游消费水平、国内接待人数反映旅游产业发展水平；药材产量、茶叶产量、鲜切花产量反映健康产业发展水平。

服务发展水平主要使用6个指标，分别为等级公路密度、载客汽车拥有量、邮政业务总量、每千人拥有公共卫生人员数、每千人医疗卫生机构床位数、每万人拥有医疗卫生机构数。其中，等级公路密度、载客汽车拥有量、邮政业务总量反映旅游服务发展水平；每千人拥有公共卫生人员数、每千人医疗卫生机构床位数、每万人拥有医疗卫生机构数反映健康服务发展水平。

环境质量水平主要使用6个指标，分别为城市污水处理率、建成区绿化覆盖率、空气综合污染指数、天然湿地面积占国土面积比重、人均公园绿地面积、空气质量优良天数占比。其中，城市污水处理率、建成区绿化覆盖率、空气综合污染指数代表旅游环境质量水平；天然湿地面积占国土面积比重、人均公园绿地面积、空气质量优良天数占比代表健康环境质量水平。

第四节 测度评价方法

根据健康旅游发展评价指标体系，结合研究目的和研究的可行性，综合对产业、服务、环境方面发展水平进行测算的要求，构建健康旅游发展水平测量模型。

一 数据处理方法

评价指标的数据来源于各个方面，其属性存在较大差异，相互之间比较困难，需要进行无量纲化处理。根据以往文献的分析以及所处理指标的特点，拟采用无量纲化中归一化方法进行数据处理。归一化（Min-Max Normalization）是将有量纲的数据转化为无量纲的一种方法，可将正指标和负指标统一转化为可相互比较的标准指标。公式为：

1. 正向指标：

$$x'_{ij} = \frac{X_{ij} - \min(x_{ij})}{\max(x_{ij}) - \min(x_{ij})} + 0.01 \qquad (1)$$

2. 逆向指标：

$$x'_{ij} = \frac{\max(x_{ij}) - x_{ij}}{\max(x_{ij}) - \min(x_{ij})} + 0.01 \qquad (2)$$

式中，max (x_{ij}) 和 min (x_{ij}) 分别为最小值和最大值，x'_{ij} 为归一值，取值范围为 [0, 1]。此外，由于归一化处理后的数据不存在 0 和 1 或者负数的特殊值，故无须进行进一步验证。

二 权重计算方法

权重是对评价指标相对重要程度的反映，通常采用层次分析法、德尔菲法、主成分分析法、熵值法等方法进行计算。为排除人为主观因素的影响，使权重值更具科学性，本书拟采用熵值法来确定各级指标的权重。

第 1 步：计算指标比重 P_{ij}，公式为：

$$P_{ij} = \frac{x'_{ij}}{\sum_{j=1}^{P} x'_{ij}} \tag{3}$$

式中，P_{ij} 为 i 区域第 j 项指标的比重。

第 2 步：计算指标熵值 e_j，公式为：

$$e_j = -K \sum_{i=1}^{m} P_{ij} \times \ln P_{ij}, \text{其中，} K = \frac{1}{\ln m} \tag{4}$$

式中，e_j 为第 j 项指标的熵值。

第 3 步：计算指标权重值 w_j，公式为：

$$w_j = \frac{1 - e_j}{\sum_{i=1}^{m}(1 - e_j)} \tag{5}$$

式中，w_j 为第 j 项指标的权重值。

三 发展水平计算

发展水平是对发展程度的衡量，其得分值越大表明发展程度越好。根据前人的研究，公式为：

第 1 步：计算二级指标发展水平得分值，公式为：

$$f_{(x)} = \sum_{i=1}^{n} w_j x'_{ij} \tag{6}$$

式中，$f_{(x)}$ 为二级指标发展水平得分值，其中 x 包括旅游产业、健康产业、旅游服务、健康服务、旅游环境、健康服务。

第 2 步：计算产业发展水平、服务发展水平、环境质量水平，公式为：

$$R_i = f_{(TI)} + f_{(HI)} \ ;\ S_i = f_{(TS)} + f_{(HS)} \ ;\ T_i = f_{(TE)} + f_{(HE)} \qquad (7)$$

$$U_i = f_{(TI)} + f_{(TS)} + f_{(TE)} \ ;\ V_i = f_{(HI)} + f_{(HS)} + f_{(HE)} \qquad (8)$$

式中，R_i、S_i、T_i 分别为 i 区域的产业发展水平、服务发展水平、环境质量水平综合得分；U_i、V_i 分别是健康子系统与旅游子系统的发展水平；$f_{(TI)}$、$f_{(HI)}$、$f_{(TS)}$、$f_{(HS)}$、$f_{(TE)}$、$f_{(HE)}$ 分别为旅游产业、健康产业、旅游服务、健康服务、旅游环境、健康服务的发展得分值。

第 3 步：计算健康旅游综合发展水平 $HTDL_{(x)}$，公式为：

$$HTDL_i = \alpha \times R_i + \beta \times S_i + \gamma \times T_i \qquad (9)$$

式中，$HTDL_i$ 为 i 区域的健康旅游发展水平，α、β、γ 分别为产业、服务、环境所占的权重值。

第五节　测度评价模型

根据云南省健康旅游发展的实际状况和理论研究需要，本书构建由耦合协调模型、社会网络模型、因子探测模型对健康旅游发展水平进行度量，以对云南省及各州市健康旅游发展水平影响因素进行分析。

一　时序分析模型

时序分析模型是从时间角度来分析健康旅游发展特征，以测度健康旅游在时间维度上的发展。根据前人研究，本书采用对比研究和耦合协调程度来测度健康旅游发展水平时序演化特征。耦合协调程度是测量系统之间的耦合协调程度，适合两个相关子系统之间的关系研究。[1] 本书

---

[1] 参见周彬、赵宽、钟林生等《舟山群岛生态系统健康与旅游经济协调发展评价》，《生态学报》2015 年第 10 期。

采用这一方法对健康与旅游的融合状态进行测量，以判断健康旅游发展程度。公式为[①]：

$$C(u_1, u_2) = \frac{w \times \sqrt{(u_1 \times u_2)}}{u_1 + u_2} \quad (10)$$

$$T(u_1, u_2) = \alpha u_1 + \beta u_2 \quad (11)$$

$$D(u_1, u_2) = \sqrt{C(u_1, u_2) \times T(u_1, u_2)} \quad (12)$$

式中，u_1 和 u_2 分别代表健康子系统和旅游子系统的旅游发展水平得分值；C 为耦合值；T 为综合协调值；D 为耦合协调得分值，取值范围为 [0，1]；α、β、w 为待定系数，文中 α、β 均取值为 0.5，w 取值为 2。

参考相关文献[②]，结合健康旅游发展机理，创造性提出一套科学、适用的分类体系及判断标准。具体如下。

表 4-11　健康旅游发展水平的分类体系及其判断标准

	分值	表象	主类型	状态	3 大类型对比分析	分类型
健康旅游发展水平的分类体系及其判断标准	0.5 以上	显著	协调类	协调	$R_i > S_i$、T_i	协调类产业型
					$S_i > R_i$、T_i	协调类服务型
					$T_i > R_i$、S_i	协调类环境型
	0.3—0.5	较高	轻度失调类	互补	$R_i > S_i$、T_i	互补类产业型
					$S_i > R_i$、T_i	互补类服务型
					$T_i > R_i$、S_i	互补类环境型
	0.1—0.3	一般	中度失调类	附加	$R_i > S_i$、T_i	附加类产业型
					$S_i > R_i$、T_i	附加类服务型
					$T_i > R_i$、S_i	附加类环境型
	0.1 以下	不显著	极度失调类	分离	$R_i > S_i$、T_i	分离类产业型
					$S_i > R_i$、T_i	分离类服务型
					$T_i > R_i$、S_i	分离类环境型

资料来源：作者根据研究整理。

[①] 参见李凌雁、翁钢民《中国旅游与交通发展耦合性分析及时空格局演变研究》，《统计与决策》2020 年第 2 期。

[②] 参见张琰飞、朱海英《西南地区文化产业与旅游产业耦合协调度实证研究》，《地域研究与开发》2013 年第 2 期。

二 空间分析模型

空间分析模型是从空间角度来分析健康旅游发展特征，以测度健康旅游在空间维度上的发展。根据前人经验，本书拟采用全局莫兰指数和社会网络分析来测度健康旅游发展水平空间差异特征。

（一）全局莫兰指数

全局莫兰指数（Global Moran's I）是通过相邻空间单元之间的相似度来判断区域各单元的集散程度。本书运用全局自相关来探究云南省各州市健康旅游发展水平的空间集散程度，揭示健康旅游发展水平的空间差异状态和空间演化趋势。公式为[①]：

$$I = \frac{\sum_{i=1}^{n}\sum_{j=1}^{n} w_{ij}(RD_i - \overline{RD})(RD_j - \overline{RD})}{S^2 \sum_{i=1}^{n}\sum_{j=1}^{n} w_{ij}} \tag{13}$$

式中，n 为州市数量，$n=16$；i 和 j 为州市要素；w_{ij} 为要素 i 和 j 的空间权重，当州市 i 和 j 相邻时，w_{ij} 取 1，否则取 0；RD_i 或 RD_j 为 i 和 j 州市健康旅游发展水平得分值；$\overline{RD}$ 为所有州市健康旅游发展水平平均值；I 为全局莫兰指数得分值，取值范围为 [-1, 1]，当 $I>0$ 表示正相关，数值越大表明相似属性聚集性越强，集聚分布越明显，当 I 趋于 0 时，代表属性随机，不存在空间相关性。以上分析的 p 值需保证其显著性。

（二）社会网络分析

社会网络模型是从整体视角对各州市健康旅游发展关系进行量化分析，可对网络结构及其属性进行分析。[②] 本书拟采用修正的引力模

[①] 参见郑艳婷、王韶菲、戴荔珠等《长江中游地区制造业企业时空演化格局》，《经济地理》2018 年第 5 期。

[②] 参见刘军编著《整体网分析：UCINET 软件实用指南（第二版）》，格致出版社、上海人民出版社 2014 年版，第 12 页。

型与社会网络分析结合的方式构建社会网络分析模型,以便对各州市健康旅游发展水平的关系进行量化分析。公式为①:

$$K_{ij} = \frac{HTDL_i}{HTDL_i + HTDL_j} \quad (14)$$

$$R_{ij} = K_{ij} \times \frac{\sqrt{P_iV_i} \times \sqrt{P_jV_j}}{D_{ij}^2} \quad (15)$$

$$C_{ij} = \sum R_{ij} \quad (16)$$

式中,K_{ij}为健康旅游发展因子;$HTDL_i$和$HTDL_j$表示i、j两个区域的健康旅游综合发展水平;R_{ij}为健康旅游经济联系度;P_i、P_j代表i、j两个区域的旅游总人数（单位：万人次）;V_i、V_j代表着i、j两个区域的旅游总收入（单位：亿元）;D_{ij}代表着i、j两个区域中心城市之间的直线距离（单位：千米）。

通过设置间断点值,将健康旅游关联矩阵转化为二分矩阵,使用Ucinet6.0软件计算网络密度和网络中心度。公式为②:

$$D = \sum_{i=1}^{k} \sum_{j=1}^{k} \frac{d(n_i, n_j)}{k(k-1)} \quad (17)$$

$$C_{RD(i)} = \frac{C_{AD(i)}}{n-1}; \; Cb_t = \frac{2\sum_{j}^{n}\sum_{k}^{n} b_{jk}(i)}{(n-1)(n-2)}; \; C_{AP(i)}^{-1} = \sum_{i=1}^{n} d_{ij} \quad (18)$$

式中,为相关区域的网络密度,且$D \in [0, 1]$;k为节点数量;$C_{RD(i)}$为相对度数中心度;$C_{AD(i)}$为绝对度数中心度;$i \neq j \neq k$,并$j < k$;Cb_t为中介中心度;$b_{jk}(i)$为第三区域控制j和k关联的能力;$C_{AP(i)}^{-1}$为接近中心度,d_{ij}表示i到j之间的捷径距离。

三 要素分析模型

要素分析模型是从要素角度来分析健康旅游发展特征,以测度健

---

① 参见马耀峰、林志慧、刘宪锋等《中国主要城市入境旅游网络结构演变分析》,《地理科学》2014年第1期。

② 参见王俊、徐金海、夏杰长《中国区域旅游经济空间关联结构及其效应研究——基于社会网络分析》,《旅游学刊》2017年第7期。

康旅游在要素维度上的发展。根据前人经验，本书采用地理探测器测度健康旅游发展水平要素驱动特征。地理探测器（Geographical Detector）是对健康旅游发展水平的驱动因子以及因子之间的相互关系进行分析的工具。地理探测器是由王劲峰等提出的用于揭示空间分析背后驱动力的一组统计学方法。[①] 本书主要使用因子探测器来探测云南省健康旅游发展水平的要素驱动程度，公式为[②]：

$$q = 1 - \frac{1}{n\sigma^2}\sum_{i=1}^{k} n_i \sigma_i^2 \qquad (19)$$

式中，q 是因子对健康旅游发展水平的解释力；n 是整个区域样本总量，$n=16$；σ^2 为整个区域健康旅游发展水平的离散方差；n_i、σ_i^2 为次一级区域的样本量和方差。

[①] 参见王劲峰、徐成东《地理探测器：原理与展望》，《地理学报》2017 年第 1 期。
[②] 参见李勇泉、张雪婷《旅游安全网络关注度空间差异及影响因素——基于地理探测器方法的研究》，《华侨大学学报》（哲学社会科学版）2018 年第 4 期。

第五章　云南健康旅游发展水平实证

本章是对云南省健康旅游发展水平的实证研究。在了解云南省健康旅游的发展现状与问题的基础上，采用相关统计数据，借助健康旅游测度模型，对云南省健康旅游发展水平进行实证研究，具体内容包括发展程度计算、时序演化特征、空间差异特征、要素驱动特征。

第一节　发展水平测算

一　数据来源

为了保证数据的科学性和可比性，本书采用数据主要来自2010—2019年的《云南省统计年鉴》，并使用EPS数据库进行辅助搜集；其他部分数据来自2009—2018年昆明、曲靖、玉溪、保山、昭通、丽江、普洱、临沧、楚雄、红河、文山、西双版纳、大理、德宏、怒江、迪庆16个州市的国民经济和社会发展统计公报以及云南省文化和旅游厅网站；部分缺失值采用SPSS软件进行补足，以满足计算需要；区域之间的距离数据使用Google地图进行测量，具体测量为区域中心城市（州府或市政府所在城市）之间的直线距离。

二　指标权重

根据测度模型，借助熵值法的运算方法，对一级指标、二级指标和三级指标的权重进行计算。

（一）一级指标权重

从一级指标权重值来看，云南省健康旅游发展过程中产业、服务、环境所占权重之间的关系为"产业 > 服务 > 环境"，其权重值分别为0.502、0.337、0.161，产业所占权重超过服务与环境的总和，呈现压倒性优势。

表 5-1　　　　　　　　　　一级指标权重

指标＼年份	2009	2010	2011	2012	2013	2014	2015	2016	2017	2018	均值
产业	0.512	0.492	0.494	0.423	0.500	0.601	0.502	0.508	0.483	0.505	0.502
服务	0.300	0.314	0.324	0.446	0.363	0.284	0.329	0.332	0.344	0.332	0.337
环境	0.188	0.195	0.182	0.131	0.137	0.114	0.169	0.161	0.174	0.163	0.161

资料来源：作者根据计算结果整理。

（二）二级指标权重

从二级指标权重值来看，健康子系统与旅游子系统的发展各有侧重。其中，健康产业（0.335） > 旅游产业（0.167），健康服务（0.104） < 旅游服务（0.233），健康环境（0.098） > 旅游环境（0.063）。在健康旅游发展过程中，产业、环境对健康的要求程度较高，而服务更是旅游业的先导。

表 5-2　　　　　　　　　　二级指标权重

指标＼年份	2009	2010	2011	2012	2013	2014	2015	2016	2017	2018	均值
旅游产业	0.177	0.171	0.178	0.118	0.145	0.296	0.122	0.149	0.153	0.159	0.167
健康产业	0.335	0.321	0.316	0.305	0.355	0.305	0.380	0.358	0.329	0.346	0.335
旅游服务	0.183	0.199	0.188	0.335	0.250	0.206	0.240	0.242	0.235	0.249	0.233
健康服务	0.117	0.115	0.136	0.111	0.113	0.078	0.089	0.090	0.109	0.083	0.104
旅游环境	0.078	0.081	0.070	0.060	0.058	0.043	0.064	0.068	0.052	0.057	0.063
健康环境	0.110	0.114	0.112	0.071	0.079	0.072	0.105	0.093	0.122	0.107	0.098

资料来源：作者根据计算结果整理。

（三）三级指标权重

从三级指标权重值来看，H1 到 H18 指标所占的权重值分别为 0.078、0.050、0.039、0.058、0.099、0.177、0.035、0.086、0.112、0.037、0.034、0.033、0.021、0.018、0.024、0.058、0.026、0.015。

表5-3　　　　　　　　　　三级指标权重

年份 指标	2009	2010	2011	2012	2013	2014	2015	2016	2017	2018	均值
H1	0.087	0.084	0.080	0.072	0.080	0.072	0.066	0.080	0.073	0.081	0.078
H2	0.044	0.040	0.054	0.010	0.025	0.190	0.018	0.030	0.045	0.044	0.050
H3	0.046	0.048	0.044	0.036	0.040	0.034	0.037	0.040	0.035	0.035	0.039
H4	0.065	0.061	0.060	0.058	0.061	0.057	0.057	0.054	0.051	0.059	0.058
H5	0.083	0.086	0.085	0.096	0.117	0.095	0.123	0.107	0.099	0.104	0.099
H6	0.188	0.174	0.171	0.151	0.177	0.153	0.200	0.198	0.179	0.183	0.177
H7	0.040	0.037	0.035	0.033	0.035	0.029	0.034	0.034	0.034	0.036	0.035
H8	0.095	0.095	0.090	0.079	0.087	0.076	0.089	0.086	0.080	0.081	0.086
H9	0.048	0.067	0.064	0.223	0.127	0.102	0.117	0.122	0.120	0.131	0.112
H10	0.029	0.031	0.031	0.035	0.039	0.037	0.037	0.043	0.048	0.036	0.037
H11	0.040	0.038	0.048	0.028	0.036	0.023	0.039	0.033	0.030	0.026	0.034
H12	0.048	0.046	0.058	0.049	0.038	0.018	0.013	0.013	0.031	0.021	0.033
H13	0.037	0.038	0.032	0.024	0.015	0.008	0.015	0.019	0.011	0.010	0.021
H14	0.019	0.015	0.021	0.021	0.018	0.013	0.016	0.022	0.014	0.019	0.018
H15	0.021	0.027	0.017	0.015	0.026	0.021	0.033	0.027	0.027	0.028	0.024
H16	0.072	0.075	0.074	0.041	0.042	0.042	0.055	0.051	0.060	0.064	0.058
H17	0.030	0.021	0.023	0.023	0.025	0.021	0.025	0.024	0.036	0.033	0.026
H18	0.008	0.018	0.016	0.008	0.011	0.009	0.025	0.018	0.025	0.010	0.015

资料来源：作者根据计算结果整理。

三　计算结果

在对各个指标数据进行无量化处理的基础上，对产业发展水平、服务发展水平、环境质量水平和综合发展水平进行测度。

（一）产业发展水平

根据模型，可得 2009—2018 年云南省 16 个州市的旅游产业发展水平得分值如表 5-4 所示。2009—2018 年，由于旅游产业发展较快，丽江的旅游产业发展水平均值最高；而由于发展的波动性，曲靖旅游产业发展水平较差。

表 5-4　　　　　　　　旅游产业发展水平得分

地区	2009	2010	2011	2012	2013	2014	2015	2016	2017	2018	均值	排名
昆明	0.068	0.072	0.058	0.050	0.059	0.044	0.052	0.055	0.047	0.051	0.056	4
曲靖	0.010	0.018	0.015	0.014	0.023	0.010	0.015	0.021	0.019	0.030	0.017	16
玉溪	0.020	0.023	0.021	0.018	0.018	0.017	0.023	0.019	0.014	0.012	0.018	14
保山	0.017	0.018	0.017	0.017	0.019	0.018	0.022	0.022	0.019	0.015	0.018	15
昭通	0.028	0.015	0.063	0.010	0.038	0.202	0.018	0.018	0.018	0.018	0.043	8
丽江	0.110	0.114	0.098	0.091	0.108	0.091	0.091	0.102	0.091	0.108	0.100	1
普洱	0.010	0.007	0.020	0.019	0.021	0.018	0.025	0.031	0.028	0.037	0.022	12
临沧	0.026	0.028	0.022	0.011	0.019	0.009	0.021	0.029	0.027	0.041	0.024	11
楚雄	0.019	0.025	0.016	0.019	0.027	0.016	0.021	0.016	0.017	0.021	0.020	13
红河	0.051	0.063	0.061	0.025	0.037	0.020	0.036	0.044	0.041	0.060	0.044	7
文山	0.015	0.018	0.054	0.015	0.011	0.014	0.025	0.041	0.057	0.052	0.030	10
西双版纳	0.071	0.078	0.067	0.057	0.068	0.050	0.057	0.076	0.067	0.093	0.068	3
大理	0.051	0.058	0.041	0.040	0.054	0.037	0.042	0.050	0.039	0.047	0.046	6
德宏	0.052	0.051	0.080	0.038	0.045	0.030	0.045	0.055	0.062	0.078	0.054	5
怒江	0.042	0.045	0.041	0.019	0.031	0.014	0.024	0.034	0.031	0.049	0.033	9
迪庆	0.138	0.122	0.092	0.082	0.102	0.058	0.064	0.065	0.058	0.047	0.083	2

资料来源：作者根据计算结果整理。

根据模型，可得 2009—2018 年云南省 16 个州市的健康产业发展水平得分值如表 5-5 所示。2009—2018 年，由于对健康产业的重视，昆明的健康产业发展水平均值最高；而由于发展条件不具优势，怒江健康产业发展水平较差。

表 5-5　　　　　　　　　健康产业发展水平得分

地区	2009	2010	2011	2012	2013	2014	2015	2016	2017	2018	均值	排名
昆明	0.206	0.196	0.188	0.165	0.200	0.178	0.233	0.227	0.203	0.208	0.201	1
曲靖	0.164	0.159	0.168	0.161	0.202	0.171	0.205	0.185	0.167	0.179	0.176	2
玉溪	0.035	0.030	0.030	0.034	0.030	0.036	0.068	0.060	0.058	0.055	0.044	4
保山	0.019	0.058	0.064	0.018	0.016	0.016	0.016	0.052	0.029	0.017	0.031	9
昭通	0.020	0.050	0.047	0.040	0.044	0.042	0.020	0.018	0.015	0.016	0.031	8
丽江	0.023	0.026	0.026	0.020	0.017	0.020	0.023	0.022	0.020	0.027	0.022	10
普洱	0.009	0.012	0.013	0.009	0.012	0.016	0.021	0.019	0.018	0.015	0.014	15
临沧	0.023	0.026	0.034	0.024	0.024	0.012	0.010	0.010	0.010	0.011	0.019	12
楚雄	0.059	0.087	0.044	0.042	0.024	0.021	0.030	0.036	0.045	0.050	0.044	5
红河	0.052	0.053	0.042	0.042	0.050	0.047	0.052	0.037	0.038	0.047	0.046	3
文山	0.018	0.021	0.014	0.066	0.018	0.026	0.033	0.028	0.047	0.046	0.032	7
西双版纳	0.012	0.014	0.009	0.010	0.017	0.014	0.017	0.017	0.023	0.022	0.016	14
大理	0.049	0.053	0.042	0.027	0.028	0.025	0.029	0.027	0.022	0.033	0.033	6
德宏	0.031	0.031	0.018	0.017	0.017	0.006	0.014	0.021	0.026	0.031	0.021	11
怒江	0.004	0.005	0.009	0.007	0.008	0.007	0.005	0.007	0.004	0.004	0.006	16
迪庆	0.014	0.015	0.013	0.012	0.022	0.017	0.023	0.021	0.021	0.025	0.018	13

资料来源：作者根据计算结果整理。

根据模型，可得 2009—2018 年云南省 16 个州市的健康旅游产业发展水平得分值如表 5-6 所示。云南省各地州市健康旅游产业发展水平整体处于"波动发展状态"，并未出现较为明显的上升或下降趋势；昆明在产业发展方面居于领先地位，发展优势较为明显。

表 5-6　　　　　　　　　健康旅游产业发展水平得分

地区	2009	2010	2011	2012	2013	2014	2015	2016	2017	2018	均值	排名
昆明	0.274	0.268	0.246	0.216	0.259	0.222	0.285	0.282	0.251	0.259	0.256	1
曲靖	0.173	0.177	0.182	0.175	0.225	0.181	0.220	0.206	0.186	0.209	0.193	2
玉溪	0.056	0.053	0.051	0.052	0.048	0.053	0.092	0.078	0.071	0.067	0.062	11
保山	0.036	0.076	0.081	0.035	0.035	0.034	0.037	0.074	0.048	0.031	0.049	13
昭通	0.049	0.065	0.110	0.050	0.083	0.244	0.038	0.036	0.033	0.034	0.074	9
丽江	0.132	0.141	0.124	0.111	0.126	0.110	0.114	0.124	0.111	0.135	0.123	3

续表

地区	2009	2010	2011	2012	2013	2014	2015	2016	2017	2018	均值	排名
普洱	0.019	0.019	0.033	0.027	0.033	0.034	0.046	0.050	0.046	0.052	0.036	16
临沧	0.050	0.055	0.058	0.036	0.043	0.021	0.032	0.039	0.037	0.052	0.042	14
楚雄	0.077	0.112	0.060	0.061	0.051	0.037	0.050	0.052	0.062	0.071	0.063	10
红河	0.103	0.116	0.103	0.067	0.087	0.068	0.088	0.081	0.079	0.108	0.090	5
文山	0.033	0.039	0.069	0.081	0.029	0.040	0.057	0.069	0.103	0.098	0.062	12
西双版纳	0.083	0.092	0.076	0.068	0.085	0.063	0.074	0.093	0.090	0.115	0.084	6
大理	0.100	0.111	0.083	0.067	0.082	0.062	0.072	0.076	0.061	0.072	0.078	7
德宏	0.083	0.082	0.098	0.056	0.061	0.036	0.059	0.076	0.089	0.109	0.075	8
怒江	0.046	0.050	0.050	0.026	0.040	0.021	0.030	0.041	0.035	0.053	0.039	15
迪庆	0.153	0.137	0.105	0.094	0.123	0.075	0.087	0.085	0.079	0.072	0.101	4

资料来源：作者根据计算结果整理。

通过自然间断点分级法对其均值进行分级，划分为优势发展区、中等发展区、潜在发展区如表 5-7 所示。

表 5-7　　　　　　　　　产业发展水平分类

类型	地区
优势发展区	昆明、曲靖
中等发展区	丽江、大理、红河、西双版纳、迪庆、德宏、昭通
潜在发展区	保山、玉溪、临沧、文山、怒江、楚雄、普洱

资料来源：作者根据计算结果整理。

（二）服务发展水平

根据模型，可得 2009—2018 年云南省 16 个州市的旅游服务发展水平得分值如表 5-8 所示。2009—2018 年，由于旅游服务方面的优势，昆明的旅游服务发展水平均值最高；而由于发展条件的限制，迪庆旅游服务发展水平较差。

表 5-8　　　　　　　　　旅游服务发展水平得分

地区	2009	2010	2011	2012	2013	2014	2015	2016	2017	2018	均值	排名
昆明	0.164	0.182	0.173	0.323	0.237	0.196	0.228	0.229	0.223	0.238	0.219	1

续表

地区	2009	2010	2011	2012	2013	2014	2015	2016	2017	2018	均值	排名
曲靖	0.057	0.056	0.053	0.038	0.056	0.046	0.057	0.054	0.053	0.056	0.053	3
玉溪	0.065	0.061	0.057	0.048	0.056	0.047	0.056	0.056	0.054	0.056	0.056	2
保山	0.025	0.024	0.023	0.019	0.025	0.021	0.026	0.027	0.027	0.029	0.025	8
昭通	0.026	0.031	0.032	0.021	0.031	0.029	0.035	0.034	0.035	0.044	0.032	6
丽江	0.012	0.013	0.013	0.011	0.015	0.014	0.017	0.016	0.016	0.017	0.015	13
普洱	0.019	0.019	0.017	0.012	0.017	0.017	0.020	0.020	0.020	0.021	0.018	12
临沧	0.017	0.021	0.022	0.021	0.019	0.019	0.023	0.024	0.023	0.024	0.021	11
楚雄	0.019	0.022	0.022	0.016	0.022	0.021	0.026	0.026	0.025	0.025	0.022	9
红河	0.045	0.045	0.043	0.029	0.043	0.038	0.045	0.047	0.045	0.047	0.043	4
文山	0.026	0.026	0.024	0.016	0.027	0.022	0.027	0.028	0.027	0.029	0.025	7
西双版纳	0.016	0.015	0.015	0.010	0.014	0.012	0.016	0.016	0.015	0.014	0.014	14
大理	0.032	0.035	0.034	0.023	0.035	0.032	0.039	0.040	0.040	0.040	0.035	5
德宏	0.020	0.020	0.020	0.018	0.021	0.018	0.025	0.025	0.028	0.022	10	
怒江	0.002	0.003	0.003	0.007	0.005	0.005	0.006	0.006	0.006	0.006	0.005	15
迪庆	0.004	0.003	0.003	0.004	0.004	0.003	0.004	0.003	0.003	0.003	0.004	16

资料来源：作者根据计算结果整理。

根据模型，可得2009—2018年云南省16个州市的健康服务发展水平得分值如表5-9所示。2009—2018年，由于医疗能力方面的优势，昆明的健康服务发展水平均值最高；而由于交通的限制，昭通健康服务发展水平较差。

表5-9　　　　　　　　健康服务发展水平得分

地区	2009	2010	2011	2012	2013	2014	2015	2016	2017	2018	均值	排名
昆明	0.108	0.108	0.119	0.113	0.114	0.078	0.090	0.091	0.110	0.076	0.101	1
曲靖	0.020	0.019	0.017	0.016	0.014	0.018	0.016	0.015	0.013	0.014	0.016	15
玉溪	0.064	0.062	0.088	0.073	0.068	0.044	0.048	0.039	0.044	0.037	0.057	3
保山	0.019	0.022	0.022	0.020	0.044	0.027	0.026	0.024	0.029	0.020	0.025	10
昭通	0.003	0.005	0.003	0.005	0.022	0.022	0.016	0.015	0.006	0.014	0.011	16
丽江	0.074	0.070	0.068	0.045	0.038	0.018	0.033	0.033	0.036	0.039	0.045	4

续表

地区	2009	2010	2011	2012	2013	2014	2015	2016	2017	2018	均值	排名
普洱	0.023	0.022	0.021	0.020	0.019	0.027	0.023	0.023	0.031	0.015	0.022	12
临沧	0.016	0.014	0.009	0.042	0.040	0.023	0.018	0.019	0.027	0.021	0.023	11
楚雄	0.046	0.047	0.051	0.040	0.041	0.042	0.043	0.037	0.049	0.032	0.043	7
红河	0.039	0.064	0.073	0.058	0.048	0.028	0.033	0.032	0.034	0.025	0.043	6
文山	0.016	0.016	0.012	0.009	0.015	0.013	0.021	0.018	0.025	0.018	0.016	14
西双版纳	0.046	0.033	0.112	0.092	0.085	0.058	0.058	0.056	0.068	0.045	0.065	2
大理	0.037	0.033	0.030	0.029	0.051	0.032	0.032	0.027	0.030	0.029	0.033	9
德宏	0.036	0.052	0.049	0.063	0.058	0.038	0.039	0.035	0.039	0.035	0.044	5
怒江	0.029	0.026	0.020	0.016	0.014	0.010	0.009	0.012	0.033	0.022	0.019	13
迪庆	0.035	0.031	0.069	0.061	0.050	0.040	0.032	0.030	0.041	0.024	0.041	8

资料来源：作者根据计算结果整理。

根据模型，可测算出 2009—2018 年云南省 16 个州市的健康旅游服务发展水平得分值如表 5 - 10 所示。云南省各州市健康旅游服务发展水平存在较大差异，发展趋势不明显；昆明、玉溪、红河、西双版纳等地的服务发展水平较高，一部分由于其旅游发展本身所推动的服务建设，另一部分也来自于良好的度假条件带来的健康旅游服务优势。

表 5 - 10　　　　健康旅游服务发展水平得分

地区	2009	2010	2011	2012	2013	2014	2015	2016	2017	2018	均值	排名
昆明	0.271	0.289	0.292	0.436	0.351	0.274	0.318	0.320	0.334	0.314	0.320	1
曲靖	0.077	0.075	0.070	0.055	0.070	0.064	0.073	0.070	0.065	0.070	0.069	5
玉溪	0.129	0.123	0.146	0.121	0.123	0.091	0.104	0.095	0.097	0.093	0.112	2
保山	0.044	0.046	0.045	0.039	0.069	0.048	0.053	0.051	0.056	0.049	0.050	10
昭通	0.029	0.036	0.034	0.026	0.053	0.051	0.051	0.050	0.041	0.058	0.043	13
丽江	0.086	0.083	0.082	0.056	0.053	0.032	0.050	0.050	0.052	0.056	0.060	9
普洱	0.043	0.041	0.038	0.032	0.036	0.044	0.043	0.042	0.051	0.035	0.040	15
临沧	0.033	0.035	0.032	0.059	0.061	0.042	0.041	0.043	0.050	0.045	0.044	12
楚雄	0.065	0.069	0.073	0.055	0.063	0.063	0.068	0.062	0.073	0.057	0.065	8
红河	0.084	0.110	0.116	0.087	0.091	0.066	0.078	0.079	0.079	0.073	0.086	3

续表

地区	2009	2010	2011	2012	2013	2014	2015	2016	2017	2018	均值	排名
文山	0.043	0.042	0.036	0.025	0.041	0.035	0.048	0.046	0.052	0.047	0.042	14
西双版纳	0.062	0.047	0.127	0.102	0.099	0.070	0.075	0.072	0.083	0.059	0.080	4
大理	0.069	0.068	0.064	0.051	0.085	0.064	0.071	0.067	0.070	0.069	0.068	6
德宏	0.056	0.072	0.069	0.081	0.080	0.056	0.062	0.060	0.064	0.063	0.066	7
怒江	0.031	0.029	0.023	0.023	0.019	0.015	0.015	0.019	0.038	0.027	0.024	16
迪庆	0.039	0.034	0.072	0.066	0.054	0.043	0.036	0.033	0.044	0.028	0.045	11

资料来源：作者根据计算结果整理。

通过自然间断点分级法对其均值进行分级，划分为优势发展区、中等发展区、潜在发展区如表5-11所示。

表5-11　　　　　　　　　服务发展水平分类

类型	地区
优势发展区	昆明
中等发展区	曲靖、红河、玉溪、西双版纳、德宏、大理、丽江、楚雄
潜在发展区	昭通、保山、普洱、临沧、文山、怒江、迪庆

资料来源：作者根据计算结果整理。

（三）环境质量水平

根据模型，可得2009—2018年云南省16个州市的旅游环境质量水平得分值如表5-12所示。2009—2018年，由于对旅游环境的重视，丽江的旅游环境质量水平均值最高；而由于自然条件的限制，昭通旅游环境质量水平较差。

表5-12　　　　　　　　　旅游环境质量水平得分

地区	2009	2010	2011	2012	2013	2014	2015	2016	2017	2018	均值	排名
昆明	0.060	0.058	0.048	0.048	0.032	0.020	0.035	0.044	0.023	0.028	0.040	5
曲靖	0.048	0.035	0.039	0.043	0.034	0.019	0.035	0.035	0.022	0.029	0.034	10
玉溪	0.041	0.035	0.038	0.029	0.025	0.017	0.044	0.044	0.027	0.029	0.033	11
保山	0.035	0.037	0.021	0.042	0.039	0.035	0.027	0.043	0.036	0.046	0.036	7
昭通	0.016	0.010	0.005	0.006	0.015	0.026	0.014	0.016	0.014	0.022	0.014	16

续表

地区	2009	2010	2011	2012	2013	2014	2015	2016	2017	2018	均值	排名
丽江	0.049	0.060	0.048	0.048	0.051	0.037	0.058	0.053	0.046	0.044	0.049	1
普洱	0.027	0.038	0.032	0.029	0.046	0.034	0.045	0.049	0.033	0.043	0.038	6
临沧	0.032	0.035	0.020	0.035	0.047	0.035	0.036	0.040	0.035	0.038	0.035	9
楚雄	0.047	0.045	0.038	0.039	0.040	0.034	0.048	0.049	0.033	0.036	0.041	4
红河	0.042	0.043	0.036	0.036	0.033	0.034	0.032	0.031	0.029	0.042	0.036	8
文山	0.036	0.035	0.021	0.019	0.025	0.029	0.027	0.029	0.033	0.032	0.029	14
西双版纳	0.053	0.048	0.033	0.043	0.045	0.038	0.036	0.044	0.031	0.042	0.041	3
大理	0.054	0.056	0.038	0.036	0.043	0.035	0.048	0.051	0.038	0.045	0.044	2
德宏	0.041	0.048	0.034	0.033	0.039	0.036	0.022	0.032	0.025	0.019	0.033	12
怒江	0.030	0.041	0.046	0.018	0.025	0.026	0.039	0.026	0.018	0.012	0.028	15
迪庆	0.023	0.029	0.037	0.028	0.037	0.026	0.034	0.032	0.040	0.041	0.033	13

资料来源：作者根据计算结果整理。

根据模型，可得2009—2018年云南省16个州市的健康环境质量水平得分值如表5-13所示。2009—2018年，由于自然环境方面的优势，玉溪的健康环境质量水平均值最高；而由于环境的波动，文山健康环境质量水平较差。

表5-13　　　　　　健康环境质量水平得分

地区	2009	2010	2011	2012	2013	2014	2015	2016	2017	2018	均值	排名
昆明	0.077	0.081	0.080	0.058	0.055	0.059	0.084	0.078	0.083	0.075	0.073	2
曲靖	0.030	0.028	0.027	0.024	0.028	0.022	0.032	0.029	0.022	0.025	0.027	11
玉溪	0.099	0.103	0.103	0.066	0.064	0.059	0.090	0.080	0.098	0.088	0.085	1
保山	0.031	0.033	0.025	0.023	0.028	0.024	0.033	0.038	0.039	0.032	0.031	8
昭通	0.020	0.023	0.020	0.017	0.021	0.017	0.022	0.026	0.018	0.025	0.021	15
丽江	0.062	0.060	0.054	0.048	0.053	0.049	0.076	0.072	0.090	0.073	0.064	3
普洱	0.037	0.032	0.029	0.029	0.035	0.031	0.039	0.042	0.025	0.022	0.032	7
临沧	0.017	0.017	0.018	0.019	0.025	0.020	0.024	0.028	0.024	0.019	0.021	14
楚雄	0.036	0.035	0.032	0.032	0.026	0.032	0.044	0.038	0.047	0.034	0.035	6
红河	0.035	0.028	0.027	0.023	0.027	0.022	0.021	0.018	0.028	0.031	0.026	12

续表

地区	2009	2010	2011	2012	2013	2014	2015	2016	2017	2018	均值	排名
文山	0.020	0.025	0.015	0.014	0.018	0.013	0.021	0.021	0.025	0.010	0.018	16
西双版纳	0.038	0.034	0.034	0.025	0.033	0.021	0.019	0.028	0.026	0.039	0.030	9
大理	0.054	0.047	0.057	0.035	0.042	0.040	0.063	0.056	0.065	0.053	0.051	4
德宏	0.037	0.034	0.040	0.038	0.049	0.041	0.046	0.039	0.052	0.033	0.041	5
怒江	0.014	0.022	0.015	0.017	0.014	0.018	0.030	0.024	0.042	0.027	0.022	13
迪庆	0.014	0.020	0.022	0.013	0.022	0.012	0.042	0.039	0.042	0.045	0.027	10

资料来源：作者根据计算结果整理。

根据模型，可测算出2009—2018年云南省16个州市的健康旅游环境质量水平得分值如表5-14所示。云南省各州市健康旅游环境质量水平与产业、服务发展水平不同，玉溪处于领先地位，与其自然环境优势密不可分；丽江、昆明、大理等地落后于玉溪，这与其在健康环境建设上的不足有密切联系。

表5-14　　　　　　　　健康旅游环境质量水平得分

地区	2009	2010	2011	2012	2013	2014	2015	2016	2017	2018	均值	排名
昆明	0.137	0.139	0.128	0.107	0.086	0.080	0.119	0.122	0.106	0.103	0.113	3
曲靖	0.078	0.063	0.066	0.067	0.062	0.042	0.067	0.064	0.044	0.054	0.061	11
玉溪	0.140	0.139	0.141	0.095	0.088	0.076	0.134	0.124	0.125	0.117	0.118	1
保山	0.066	0.069	0.045	0.066	0.067	0.060	0.060	0.082	0.075	0.078	0.067	9
昭通	0.036	0.033	0.025	0.023	0.036	0.043	0.037	0.042	0.031	0.046	0.035	16
丽江	0.111	0.120	0.103	0.096	0.104	0.086	0.134	0.124	0.136	0.116	0.113	2
普洱	0.064	0.069	0.061	0.058	0.081	0.065	0.085	0.091	0.059	0.065	0.070	8
临沧	0.049	0.053	0.038	0.053	0.072	0.055	0.060	0.068	0.059	0.057	0.056	13
楚雄	0.082	0.080	0.070	0.065	0.072	0.061	0.092	0.087	0.081	0.070	0.076	5
红河	0.077	0.071	0.063	0.059	0.060	0.057	0.053	0.048	0.057	0.073	0.062	10
文山	0.056	0.060	0.036	0.033	0.043	0.042	0.048	0.050	0.058	0.042	0.047	15
西双版纳	0.092	0.081	0.067	0.068	0.078	0.058	0.054	0.073	0.057	0.082	0.071	7
大理	0.107	0.103	0.094	0.071	0.085	0.075	0.111	0.107	0.103	0.098	0.096	4

续表

地区	2009	2010	2011	2012	2013	2014	2015	2016	2017	2018	均值	排名
德宏	0.077	0.082	0.074	0.071	0.088	0.077	0.068	0.071	0.077	0.052	0.074	6
怒江	0.044	0.063	0.060	0.035	0.040	0.044	0.069	0.050	0.060	0.039	0.050	14
迪庆	0.037	0.049	0.059	0.041	0.058	0.038	0.076	0.071	0.082	0.087	0.060	12

资料来源：作者根据计算结果整理。

通过自然间断点分级法对其均值进行分级，划分为优势发展区、中等发展区、潜在发展区如表5-15所示。

表5-15　　　　　环境质量水平分类

类型	地区
优势发展区	昆明、玉溪、大理、丽江
中等发展区	曲靖、红河、楚雄、普洱、西双版纳、保山、德宏、迪庆
潜在发展区	临沧、昭通、文山、怒江

资料来源：作者根据计算结果整理。

（四）综合发展水平

从综合发展水平来看，云南省健康旅游发展水平可划分为三个梯队，即第一梯队5个，为昆明、曲靖、丽江、玉溪、大理；第二梯队5个，为红河、西双版纳、德宏、迪庆、楚雄；第三梯队6个，为保山、昭通、文山、普洱、临沧、怒江。

表5-16　　　　　云南省16个州市综合发展水平得分

地区	2009	2010	2011	2012	2013	2014	2015	2016	2017	2018	均值	排名
昆明	0.683	0.696	0.667	0.758	0.696	0.576	0.722	0.724	0.690	0.676	0.689	1
曲靖	0.328	0.315	0.319	0.296	0.356	0.287	0.361	0.340	0.295	0.333	0.323	2
玉溪	0.324	0.315	0.338	0.268	0.259	0.220	0.330	0.298	0.294	0.277	0.292	4
保山	0.146	0.191	0.171	0.140	0.170	0.141	0.150	0.207	0.179	0.157	0.165	11
昭通	0.113	0.135	0.169	0.098	0.172	0.338	0.125	0.128	0.106	0.138	0.152	12
丽江	0.330	0.344	0.308	0.263	0.283	0.228	0.298	0.299	0.299	0.307	0.296	3
普洱	0.125	0.130	0.132	0.117	0.150	0.143	0.174	0.183	0.155	0.153	0.146	14
临沧	0.132	0.142	0.128	0.148	0.176	0.118	0.133	0.149	0.145	0.154	0.143	15

续表

地区	2009	2010	2011	2012	2013	2014	2015	2016	2017	2018	均值	排名
楚雄	0.225	0.261	0.203	0.181	0.186	0.161	0.210	0.201	0.216	0.198	0.204	10
红河	0.264	0.297	0.281	0.213	0.238	0.191	0.219	0.208	0.216	0.253	0.238	6
文山	0.132	0.140	0.141	0.140	0.114	0.117	0.154	0.165	0.213	0.187	0.150	13
西双版纳	0.237	0.221	0.270	0.238	0.262	0.192	0.203	0.238	0.229	0.256	0.235	7
大理	0.276	0.281	0.241	0.189	0.252	0.201	0.254	0.251	0.233	0.239	0.242	5
德宏	0.216	0.236	0.240	0.207	0.229	0.169	0.190	0.207	0.230	0.224	0.215	8
怒江	0.121	0.142	0.133	0.084	0.098	0.081	0.113	0.110	0.133	0.119	0.113	16
迪庆	0.229	0.220	0.237	0.201	0.236	0.157	0.199	0.189	0.205	0.186	0.206	9

资料来源：作者根据计算结果整理。

通过自然间断点分级法对其均值进行分级，划分为优势发展区、中等发展区、潜在发展区如表5-17所示。

表5-17 综合发展水平分类

类型	地区
优势发展区	昆明
中等发展区	玉溪、大理、丽江、曲靖、红河、楚雄、西双版纳、德宏、迪庆
潜在发展区	临沧、昭通、文山、怒江、保山、普洱

资料来源：作者根据计算结果整理。

第二节 时序演化特征

一 发展模式识别

通过测算，得出2009—2018年云南省16个州市综合发展水平得分变化趋势如图5-1所示。

根据变化趋势图，可将云南省16个州市的健康旅游发展划分为稳健型、正V型、倒V型三种类型，如表5-18所示。其中，"稳健型"健康旅游发展越发趋于稳定，有利于健康旅游的培育；"正V型"健康旅游发展在经历了一定下降之后，呈现上升趋势；"倒V型"健康旅

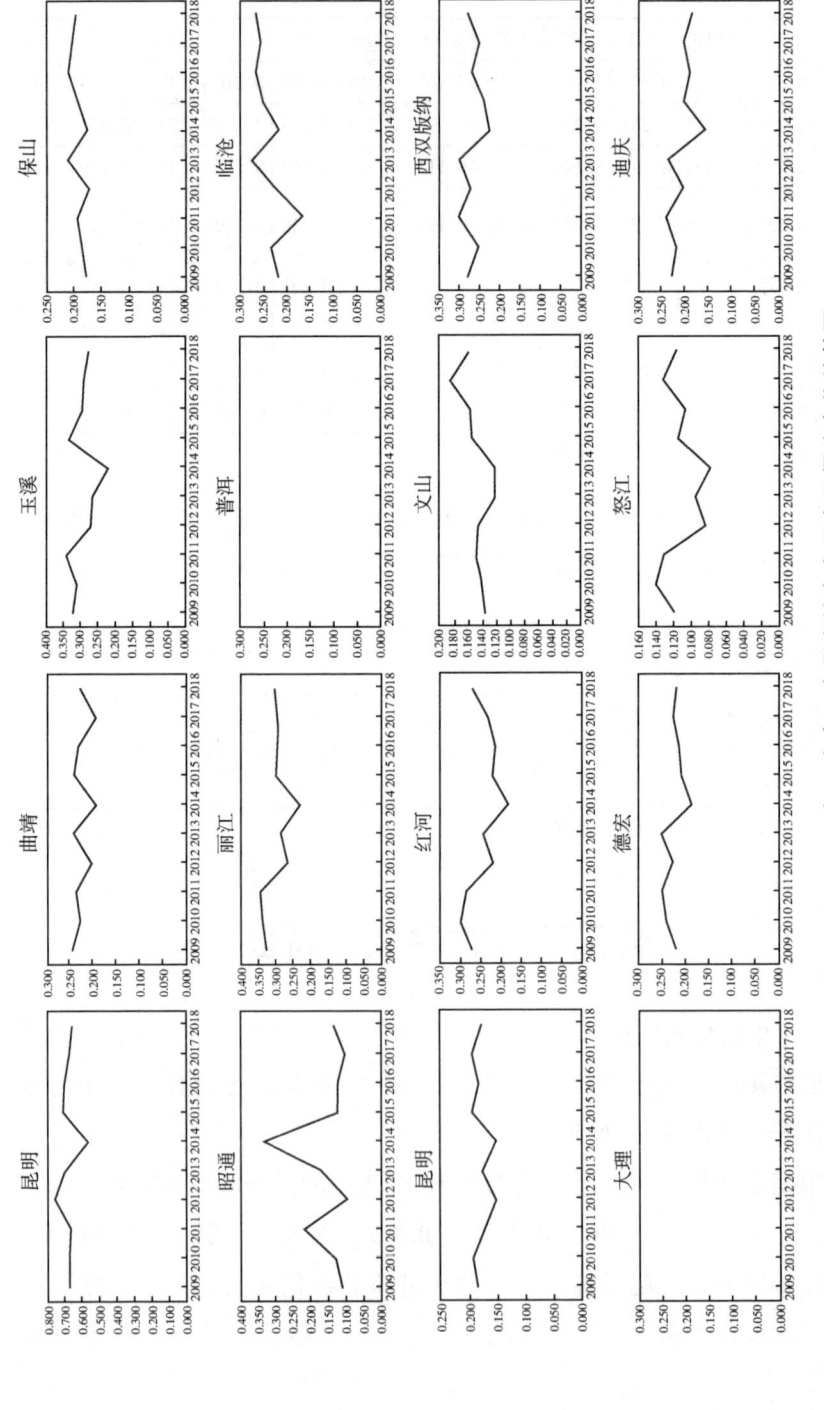

图5-1　2009—2018年云南省16个州市综合发展水平得分变化趋势图

资料来源：作者根据计算结果整理。

游发展是在经历快速上升之后，出现下降或上升缓慢的情况。根据对云南省16个州市健康旅游发展情况的分类，昆明、曲靖、保山、普洱、文山、楚雄、西双版纳、大理的健康旅游发展较为稳定，处于发展的稳定期；玉溪、丽江、临沧、红河、德宏、怒江、迪庆正处于发展的上升期，发展势头强劲，有进一步提升的潜力；昭通发展速度下降，提升较为缓慢。云南省各州市整体上发展趋势具有一致性，处于健康旅游发展的黄金时期，各州市的发展趋势符合发展要求，有助于进一步转型升级。

表5-18　　　　云南省16个州市健康旅游发展类型

类型	稳健型	正V型	倒V型
区域	昆明、曲靖、保山、普洱、楚雄、文山、西双版纳、大理	玉溪、丽江、临沧、红河、德宏、怒江、迪庆	昭通

资料来源：作者根据计算结果整理。

二　耦合协调分析

通过耦合协调模型计算云南省16个州市健康旅游耦合协调程度如表5-19所示，可得出以下几方面的结论：第一，云南省健康旅游发展水平与其耦合协调程度正相关。耦合协调程度较大区域，通常其发展水平也较高。第二，健康旅游耦合协调程度变化不明显。无论从各州市的数值来看，还是从其最大值、最小值、极值、平均值来看，均无较为明显的变化趋势。

表5-19　　　　云南省16个州市健康旅游耦合协调程度

地区	2009	2010	2011	2012	2013	2014	2015	2016	2017	2018
昆明	0.581	0.588	0.574	0.614	0.590	0.535	0.598	0.600	0.584	0.581
曲靖	0.396	0.387	0.388	0.372	0.407	0.356	0.406	0.399	0.370	0.398
玉溪	0.397	0.391	0.401	0.358	0.355	0.325	0.400	0.382	0.370	0.363
保山	0.270	0.307	0.286	0.263	0.292	0.266	0.274	0.321	0.298	0.279
昭通	0.234	0.258	0.288	0.218	0.293	0.380	0.250	0.253	0.226	0.260
丽江	0.406	0.414	0.392	0.361	0.371	0.332	0.385	0.384	0.387	0.391

续表

地区	2009	2010	2011	2012	2013	2014	2015	2016	2017	2018
普洱	0.250	0.255	0.257	0.242	0.273	0.267	0.294	0.302	0.278	0.269
临沧	0.255	0.264	0.253	0.271	0.297	0.243	0.256	0.269	0.268	0.269
楚雄	0.330	0.353	0.314	0.298	0.305	0.283	0.323	0.316	0.321	0.312
红河	0.363	0.385	0.375	0.325	0.345	0.309	0.331	0.320	0.328	0.353
文山	0.255	0.264	0.254	0.259	0.238	0.242	0.277	0.285	0.326	0.303
西双版纳	0.341	0.326	0.365	0.344	0.362	0.310	0.318	0.343	0.339	0.355
大理	0.371	0.375	0.347	0.307	0.355	0.317	0.356	0.353	0.342	0.345
德宏	0.328	0.343	0.346	0.320	0.338	0.291	0.308	0.321	0.339	0.333
怒江	0.243	0.262	0.250	0.205	0.218	0.200	0.235	0.231	0.256	0.243
迪庆	0.320	0.318	0.343	0.315	0.340	0.279	0.316	0.307	0.320	0.305
最大值	0.581	0.588	0.574	0.614	0.590	0.535	0.598	0.600	0.584	0.581
最小值	0.234	0.255	0.250	0.205	0.218	0.200	0.235	0.231	0.226	0.243
极值	0.347	0.333	0.324	0.408	0.372	0.335	0.363	0.369	0.358	0.338
平均值	0.334	0.343	0.340	0.317	0.336	0.308	0.333	0.337	0.334	0.335

资料来源：作者根据计算结果整理。

从发展水平分类可得，云南省各州市健康旅游的协调性具有稳定性，发展类型具有变化性。从耦合协调程度来看，2009—2018年云南省16个州市健康旅游的耦合协调性变化很小，基本徘徊在所在层级；从发展变化来看，2009年云南省16个州市缺少"服务型"发展，后部分产业型逐步转化为服务型，说明健康旅游发展存在部分由产业到服务的趋势；从发展类型来看，产业型发展方式依旧占据主导，2018年丽江、楚雄、红河、文山、西双版纳、德宏、怒江为产业型，昆明、曲靖、昭通为服务型，玉溪、保山、普洱、临沧、大理、迪庆为环境型。

表5-20　　云南省16个州市健康旅游发展水平分类

地区	2009	2012	2015	2018
昆明	协调类产业型	协调类服务型	协调类服务型	协调类服务型

续表

地区	2009	2012	2015	2018
曲靖	互补类产业型	互补类产业型	互补类服务型	互补类服务型
玉溪	互补类环境型	互补类服务型	互补类环境型	互补类环境型
保山	附加类环境型	附加类环境型	附加类环境型	附加类环境型
昭通	附加类产业型	附加类产业型	附加类服务型	附加类服务型
丽江	互补类产业型	互补类产业型	互补类环境性	互补类产业型
普洱	附加类环境型	附加类环境型	附加类环境性	附加类环境型
临沧	附加类产业型	附加类服务型	附加类环境型	附加类环境型
楚雄	互补类环境型	附加类环境型	互补类环境型	互补类产业型
红河	互补类环境型	互补类服务型	互补类产业型	互补类产业型
文山	附加类环境型	附加类产业型	附加类环境型	互补类产业型
西双版纳	互补类环境型	互补类服务型	互补类服务型	互补类产业型
大理	互补类环境型	互补类环境型	互补类环境型	互补类环境型
德宏	互补类产业型	互补类服务型	互补类产业型	互补类产业型
怒江	附加类产业型	附加类环境型	附加类环境型	附加类产业型
迪庆	互补类产业型	互补类产业型	互补类产业型	互补类环境型

资料来源：作者根据计算结果整理。

第三节 空间差异特征

一 全局相关分析

通过 ArcGIS 软件进行全局空间自相关分析，可得 2009—2018 年云南省健康旅游空间自相关分析统计结果如表 5-21 所示。通过统计结果可得，2009—2018 年云南省健康旅游空间聚集性呈现"先聚集，后分散"的发展趋势，表明"单中心"正在向"多中心"进行过渡。在健康旅游发展初期，昆明的聚集性不断增强，呈现出"单中心"的发展状态；在健康旅游发展到一定阶段，健康旅游发展聚集性有所减弱，开始呈现"多中心"状态。

表 5-21　　　云南省健康旅游空间自相关分析统计结果

年份	2009	2010	2011	2012	2013	2014	2015	2016	2017	2018
指数	-0.048	-0.090	0.120	0.101	0.111	0.199	0.216	0.139	0.108	0.120
方差	0.024	0.022	0.027	0.016	0.022	0.023	0.023	0.019	0.018	0.022
Z得分	0.119	-0.156	1.141	1.313	1.192	1.743	1.855	1.476	1.289	1.260
P值	0.905	0.876	0.254	0.189	0.233	0.081	0.064	0.140	0.198	0.208

资料来源：作者根据计算结果整理。

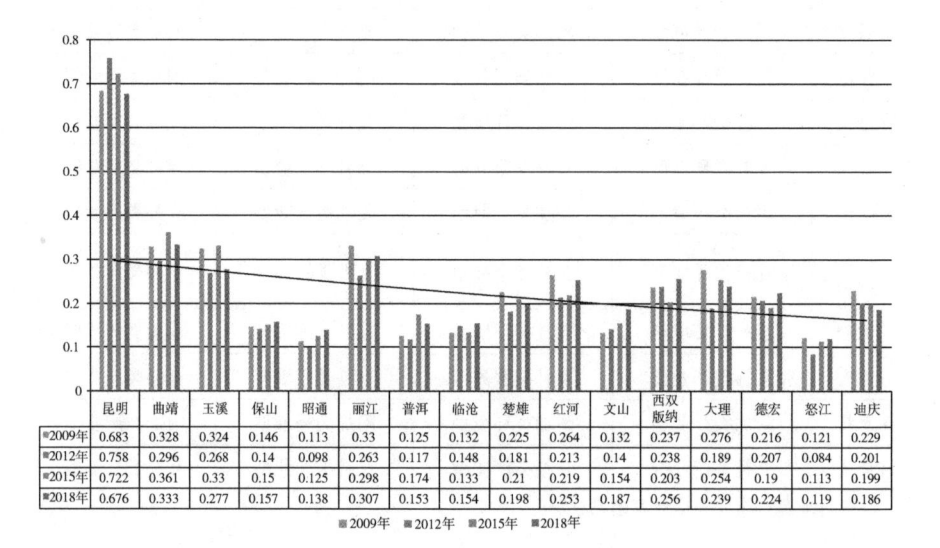

	昆明	曲靖	玉溪	保山	昭通	丽江	普洱	临沧	楚雄	红河	文山	西双版纳	大理	德宏	怒江	迪庆
2009年	0.683	0.328	0.324	0.146	0.113	0.33	0.125	0.132	0.225	0.264	0.132	0.237	0.276	0.216	0.121	0.229
2012年	0.758	0.296	0.268	0.14	0.098	0.263	0.117	0.148	0.181	0.213	0.14	0.238	0.189	0.207	0.084	0.201
2015年	0.722	0.361	0.33	0.15	0.125	0.298	0.174	0.133	0.21	0.219	0.154	0.203	0.254	0.19	0.113	0.199
2018年	0.676	0.333	0.277	0.157	0.138	0.307	0.153	0.154	0.198	0.253	0.187	0.256	0.239	0.224	0.119	0.186

图 5-2　2009 年、2012 年、2015 年、2018 年综合发展水平分级图

为直观展示空间差异特征，借助 ArcGIS 软件，本书选取 2009 年、2012 年、2015 年、2018 年云南省各州市的综合发展水平，使用自然间断点分级法进行五等分，可得出如图 5-2 所示。云南省各州市健康旅游发展仍存在较大差异，昆明与周边地区发展不具有同步性；部分区域发展反复，在一段时间内呈现发展水平下降的趋势，但文山等部分区域实现发展增长，实现了健康旅游发展上的"逆袭"。

二　社会网络分析

根据社会网络模型，通过对云南省 16 个州市健康旅游发展关联程度进行计算可得，云南省健康旅游发展关联程度变化大，各州市均实现较大程度的增长；各州市之间关联程度变化较大，第二名从玉溪转变为西双版纳，第三名也从曲靖转变为德宏，可得出云南省南部的关联程度在不断发展崛起的结论。

表 5-22　　云南省 16 个州市健康旅游关联量统计

地区	2009 年 排序	2009 年 关联度	2009 年 所占比例	2012 年 排序	2012 年 关联度	2012 年 所占比例	2015 年 排序	2015 年 关联度	2015 年 所占比例	2018 年 排序	2018 年 关联度	2018 年 所占比例
昆明	1	33.714	36.36%	1	110.206	55.10%	1	257.424	47.49%	1	1884.033	53.17%
曲靖	3	5.444	5.87%	12	3.600	1.80%	16	1.646	0.30%	10	90.668	2.56%
玉溪	2	21.108	22.76%	7	7.051	3.53%	7	20.526	3.79%	8	129.111	3.64%
保山	12	1.470	1.59%	11	4.132	2.07%	11	13.313	2.46%	11	80.310	2.27%
昭通	14	0.770	0.83%	15	1.143	0.57%	15	3.552	0.66%	15	29.083	0.82%
丽江	9	3.028	3.27%	4	10.759	5.38%	3	39.180	7.23%	6	139.283	3.93%
普洱	13	0.818	0.88%	13	3.047	1.52%	10	13.323	2.46%	12	76.627	2.16%
临沧	16	0.424	0.46%	16	1.074	0.54%	13	4.733	0.87%	14	39.107	1.10%
楚雄	6	4.635	5.00%	8	6.193	3.10%	9	18.577	3.43%	7	129.921	3.67%
红河	5	5.098	5.50%	6	7.253	3.63%	8	21.774	4.02%	5	166.535	4.70%
文山	10	2.521	2.72%	10	4.173	2.09%	12	12.432	2.29%	9	102.265	2.89%
西双版纳	7	3.394	3.66%	3	11.129	5.56%	4	37.677	6.95%	2	219.860	6.21%
大理	4	5.185	5.59%	2	13.431	6.72%	2	42.124	7.77%	4	183.642	5.18%
德宏	8	3.172	3.42%	5	10.496	5.25%	5	33.233	6.13%	3	203.190	5.73%
怒江	15	0.454	0.49%	14	1.193	0.60%	14	3.604	0.66%	16	15.063	0.43%
迪庆	11	1.496	1.61%	9	5.120	2.56%	8	18.926	3.49%	13	54.527	1.54%

资料来源：作者根据计算结果整理。

根据关联程度，可得健康旅游发展网络如图 5-3 所示。2009 年、2012 年、2015 年、2018 年的网络密度分别为 0.1083、0.2417、0.4333、0.8917，社会网络结构更加紧密，云南省整体聚集程度明显增强；同时，处于网络中心的地方由昆明转变为昆明、玉溪、大理、丽江、西双版纳，云南省健康旅游发展的单中心状态正在改变，在西北和西南出现两个次区域发展中心。

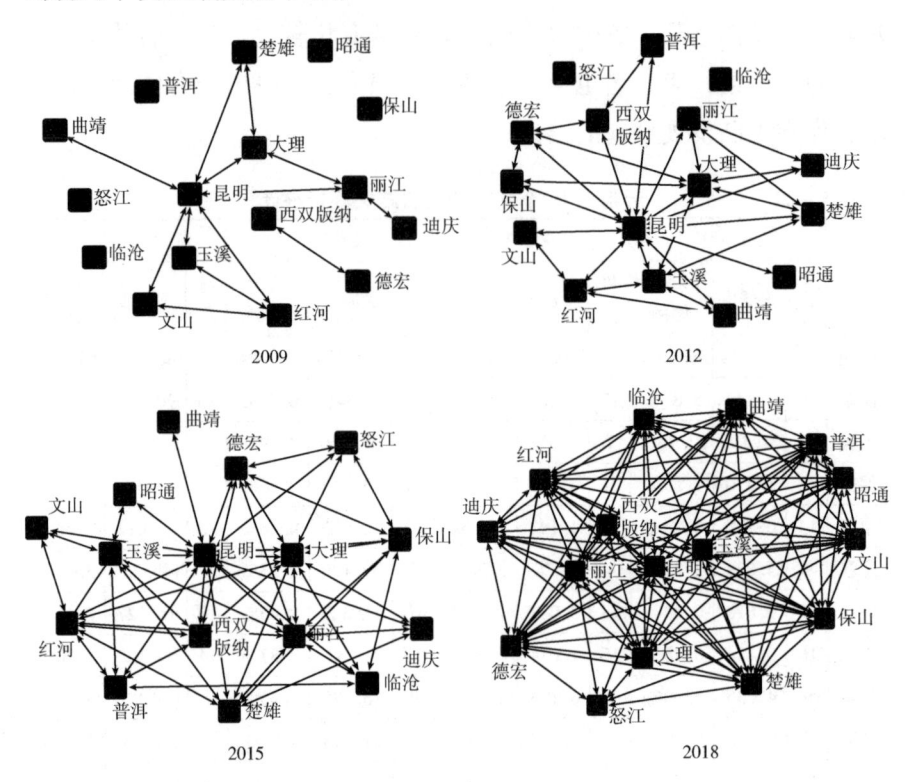

图 5-3 2009 年、2012 年、2015 年、2018 年云南省 16 个州市健康旅游发展网络

资料来源：通过 NetDraw 软件整理制作。

通过社会网络模型，可得出云南省各州市健康旅游关联网络中心度如表 5-23 所示。云南省健康旅游发展已从"单中心"状态转变为"多中心"状态，保山、丽江、楚雄、大理均有成为健康旅游发展中心的趋势，在点度中心度、接近中心度和中间中心度上有一定程度的发展。

表 5-23 云南省 16 个州市健康旅游关联网络中心度

地区	2009 年			2012 年			2015 年			2018 年		
	点度中心度	接近中心度	中间中心度	点度中心度	接近中心度	中间中心度	点度中心度	接近中心度	中间中心度	点度中心度	接近中心度	中间中心度
昆明	0.700	12.397	19.524	1.300	33.333	49.206	1.500	100.00	38.429	1.500	100.00	1.808

续表

地区	2009年 点度中心度	2009年 接近中心度	2009年 中间中心度	2012年 点度中心度	2012年 接近中心度	2012年 中间中心度	2015年 点度中心度	2015年 接近中心度	2015年 中间中心度	2018年 点度中心度	2018年 接近中心度	2018年 中间中心度
曲靖	0.100	11.719	0.000	0.300	27.273	0.000	0.100	51.724	0.000	1.400	93.750	0.348
玉溪	0.200	11.811	0.000	0.500	28.302	1.905	0.900	71.429	5.810	1.400	93.750	0.348
保山	0.000	0.000	0.000	0.300	27.273	0.000	0.700	65.217	1.587	1.500	100.00	1.808
昭通	0.000	0.000	0.000	0.100	26.316	0.000	0.200	53.571	0.000	1.200	83.333	0.000
丽江	0.300	12.000	6.667	0.400	27.778	0.317	1.000	75.000	4.476	1.500	100.00	1.808
普洱	0.000	0.000	0.000	0.200	26.786	0.000	0.500	60.000	0.710	1.300	88.235	0.079
临沧	0.000	0.000	0.000	0.000	0.000	0.000	0.500	60.000	0.857	1.400	93.750	0.348
楚雄	0.200	11.811	0.000	0.400	27.778	0.317	0.700	65.217	1.190	1.500	100.00	1.808
红河	0.300	11.905	0.476	0.400	27.778	0.952	0.800	68.182	2.476	1.400	93.750	0.348
文山	0.200	11.811	0.000	0.200	26.786	0.000	0.300	55.556	0.000	1.300	88.235	0.079
西双版纳	0.100	6.667	0.000	0.300	27.273	0.476	0.700	65.217	1.333	1.400	93.750	0.348
大理	0.300	12.000	0.952	0.700	29.412	4.921	1.100	78.947	7.095	1.500	100.00	1.808
德宏	0.100	6.667	0.000	0.400	27.778	0.952	0.600	62.500	0.794	1.400	93.750	1.443
怒江	0.000	0.000	0.000	0.000	0.000	0.000	0.400	57.692	0.000	0.600	62.500	0.000
迪庆	0.100	11.364	0.000	0.300	27.273	0.000	0.400	57.692	0.000	1.100	78.947	0.000

资料来源：根据计算结果整理。

第四节 要素驱动特征

一 发展动力探测

通过地理探测器中因子探测器对产业、服务、环境的解释力进行测算，可得2009年、2012年、2015年、2018年云南省健康旅游发展水平解释力探测结果如图5-4所示。从图中结果可得出两点结论：第一，健康旅游发展"因子解释力"存在一个变化过程。从2009—2012年，"服务解释力"呈现上升趋势；从2012—2015年，"服务解释力"开始逐渐落后于"产业解释力"；2015—2018年，"产业解释力"的作用不断增强;"服务解释力"逐步从"领跑者"角色转变为"跟随者"角色,"产业解释力"逐步从"跟随者"角色转变为"领跑者"角色。第二,健康旅游"环境解释力"对空间差异的作用力逐步减小。从2009—2018年,"环境解释力"下降速度虽有减慢,但仍呈现为下降趋势。这表明伴随健康旅游的发展,环境因素作为基础性因素,所占比例在进一步下降。

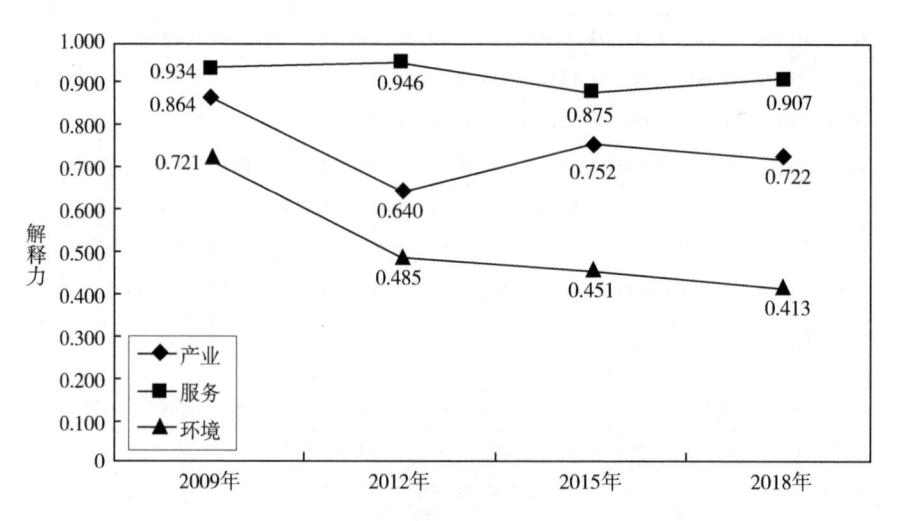

图5-4 云南省健康旅游发展水平解释力探测结果

资料来源:根据计算结果整理。

二 影响因子探测

利用地理探测器,测算18个影响因子对2018年健康旅游发展水平的因子解释力,见表5-24。探测数据显示,六个探测因素对健康旅游发展水平均有一定的影响,呈现差异显著化和一致相对化的特点。其中,旅游服务、健康服务、健康产业为健康旅游发展水平的主要影响因素;旅游产业、旅游环境、健康环境的影响力次之。旅游产业的三个探测因子中,旅游接待总人数的影响力最为显著,是旅游产业对健康旅游发展水平的驱动因子;健康产业的三个探测因子中,鲜切花产量的影响力较强,与药材产量(0.1727)和茶叶产量(0.2727)有较大差异性;旅游服务中的三个探测因子中,载客汽车拥有量和邮政业务总量的影响力较高;健康服务中,每千人拥有公共卫生人员数具有显著性;旅游环境和健康环境的探测影响力差距较少。因此,相对于服务和环境,产业的影响力探测差距较大,差异性较为明显,服务和环境相对次之。

表 5-24 2018 年健康旅游发展水平因子探测结果

探测因素	探测因子	探测指标	q
旅游产业	H1	旅游总收入占本地 GDP 的比重	0.0694
	H2	入境旅游消费水平	0.1643
	H3	旅游接待总人数	0.8566
健康产业	H4	药材产量占全省的比重	0.1727
	H5	茶叶产量占全省的比重	0.2727
	H6	鲜切花产量占全省的比重	0.9256
旅游服务	H7	等级公路密度	0.3084
	H8	载客汽车拥有量	0.9141
	H9	邮政业务总量	0.8692
健康服务	H10	每千人拥有公共卫生人员数	0.8586
	H11	每千人医疗卫生机构床位数	0.8095
	H12	每万人拥有医疗卫生机构数	0.1213
旅游环境	H13	城市污水处理率	0.4956
	H14	建成区绿化覆盖率	0.1817
	H15	空气质量综合指数	0.4664
健康环境	H16	天然湿地面积占国土面积比重	0.5629
	H17	人均公园绿地面积	0.1413
	H18	空气质量优良天数占比	0.1371

资料来源:根据计算结果整理。

通过对云南省健康旅游发展水平实证研究,可得出以下五方面的结论:第一,云南省健康旅游发展变化具有不完全一致性。从时间变化来看,云南省存在稳健型、正 V 型、倒 V 型三种发展模式,一致性较弱；但后期几乎均呈现增长趋势，又展现为发展趋势上的"上升一致性"。第二，云南省各州市健康旅游发展差异较大。通过对发展水平测量，可得出云南省各州市健康旅游发展存在较大差异，全局自相关数值多年为负值，空间聚集性不明显。第三，云南省各州市健康旅游发展协调程度较低。从耦合协调度来看，大多数处于轻度失调状态，部分处于中度失调状态，仅有少部分处于协调状态。第四，云南省健康旅游关联程度得到发展。从关联度来看，关联程度得到大幅度提升，网络密度得到进一步提升，已出现昆明、玉溪、丽江、大理等中心，呈现"多中心"发展的趋势。第五，云南省健康旅游发展驱动因子从服务转变为产业。根据因子探测器的结果显示，前期健康旅游发展的驱动因素主要是服务发展，后期健康旅游发展驱动因素转变为产业。

第五节　发展策略研究

一　总体发展方面

在总体布局方面，云南省健康旅游发展已发生变化，在不同地区的情况不断得到凸显，为进一步发展健康旅游提供了条件。为进一步推动健康旅游的调整，应深化"多核"发展格局，推动"多力"构建，拓展"多类"发展。

（一）推动"多力"构建

推动"多力"构建，优化现有的关联网络。云南省16个州市的健康旅游存在较大差异，聚集程度不明显，关联程度差异较大。针对现有的发展情况，应拓展现有的发展，确定不同区域的发展重点，推动相邻地区"一体化发展"。云南省可形成三个片区发展，以昆明、玉溪为中心的片区，以丽江、大理为中心的次中心区域，以西双版纳、临沧为中心的次中心区域。构建健康旅游发展的三大聚集圈层，逐步形成健康旅游发展的聚集区。

（二）深化"多核"布局

云南省健康旅游发展需要对"多核"格局进行深化，进一步提升

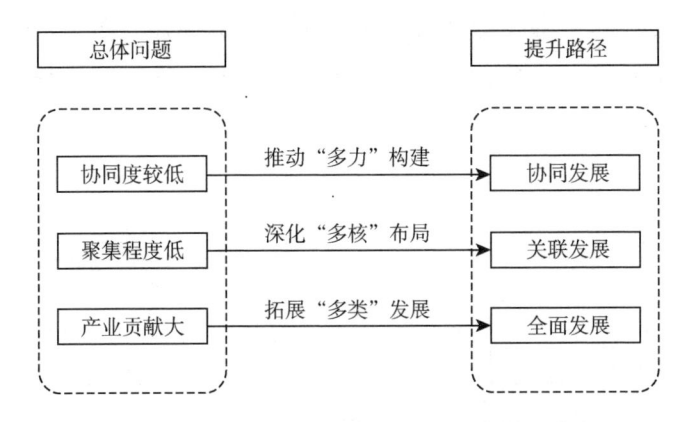

图 5-5 云南省健康旅游总体发展提升路径

云南整体的健康旅游发展水平。从健康旅游发展来看，云南省滇中、滇西北、滇西南均有健康旅游发展优势，适宜健康旅游进一步开展。为改善这种情况，应在现有"单核"的基础上，进一步开辟"新核"发展，推动健康旅游在多个地方的发展。从联系网络上看，云南省健康旅游已出现明显的"多核显现"趋势，即以昆明为单核的健康旅游发展转变为以昆明、玉溪、大理、丽江为中心的多核发展。此外，"多核"符合云南省发展情况，可进一步提升发展能力。

（三）拓展"多类"发展

健康旅游的发展需要深化分类发展的理念，拓展"多类"发展。正如上文所探讨，健康旅游可划分为产业依托型、服务发展型和环境依托型三种类型。结合云南省健康旅游的发展情况，根据云南省资源不平衡的特点，充分发挥各区域的资源优势，推动云南省16个州市的"多类"发展。形成以昆明为中心的产业型健康旅游发展格局；以丽江、大理为中心的服务型健康旅游发展，以西双版纳、临沧为中心的环境型健康旅游发展。

一 产业规模方面

产业是健康旅游发展的支撑性力量，是云南省未来健康旅游发展的核心推动力。产业规模的大小不仅决定现有产业竞争力的大小,也将对未来健康旅游发展产生深远的影响。提升云南省健康旅游的产业规模,主要应从优化产业发展环境、培育地方特色产业、吸引相关产业投资入手。

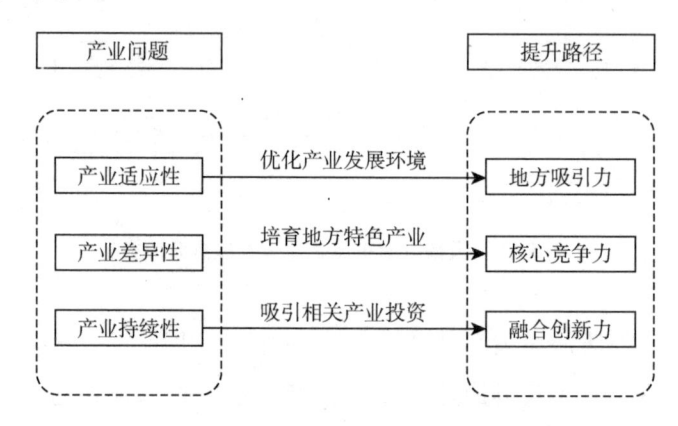

图 5-6 云南省健康旅游产业规模提升路径

(一)优化产业发展环境

发展环境解决的是"产业适应性"问题,为健康旅游产业增添"地方吸引力"。健康旅游产业是健康产业与旅游产业的融合体,其发展不仅需要满足产业发展的基本要求,也需要在产业活动中考虑"健康需求",对发展环境的要求要高于一般的旅游活动。优化产业发展环境可从旅游活动开始,注重旅游产业的"健康性",在旅游景区设施设置和服务提供过程中体现"健康需求";也可从健康产业入手,不断完善相关的制度规定,为健康产业开展旅游活动"松绑",使健康产业能够在保证游客基本健康权力的情况下,为游客提供更优质的健康服务。在云南自贸试验区昆明片区等实行更宽松的医疗政策,为健康产业落地提供更好的环境支持;在丽江、大理等区域增加对各种类型体育健身活动的政策保障,为健身活动开展提供环境支持;在西双版纳、临沧出台一些中医药等养生产业相关政策,为开展养生活动提供环境支持。

(二) 培育地方特色产业

特色产业解决的是"产业差异性"问题，为健康旅游产业打造"核心竞争力"。在健康旅游产业发展过程中，部分地区过分追求"大而全"，而导致"特征性缺失"。"特征性缺失"导致区分度下降，使地方的可识别性降低，从而导致健康旅游的发展失去动力。作为多元民族的聚集地和多种气候的构成地，云南省拥有民族医药、民族体育、民族膳食等特色民族健康旅游产业和由热带气候、春季气候、雪山气候等特殊气候形成的特色气候健康旅游产业，具备区别于国内其他地方的独特优势。云南省应根据地方特点，培育本区域的特色民族健康旅游形式，依托气候资源发展季节性健康旅游特色产业。

(三) 吸引相关产业投资

产业投资解决的是"产业持续性"问题，为健康旅游产业提供"持续创新力"。从健康旅游相关案例可得出，部分区域可通过引进先进的医疗产业对健康旅游产业进行补充，极大地充实地方健康旅游实力。相关产业投资可带来新的健康旅游产业业态，激活原有产业，推动整个区域的健康旅游产业升级。作为未来面向南亚和东南亚的辐射中心，云南省比亚洲任何地方都适合建设"亚洲健康中心"，但与泰国、印度、新加坡等国家的健康旅游发展还存在一定差距，需要进一步吸引健康产业注入。伴随云南自贸试验区的建立，云南省发展健康旅游产业获得了更多先行先试的条件，昆明、红河、德宏可依托自身条件，吸引更多产业投资。

二 服务能力方面

服务是健康旅游发展的提升性力量，是云南省未来健康旅游发展的重要提升力。服务能力的强弱不仅决定现有服务竞争力的大小，也将对未来健康旅游发展产生深远的影响。为提升云南省健康旅游服务能力，主要应从提升综合服务理念、优化服务培训内容、加强服务质量评价入手。

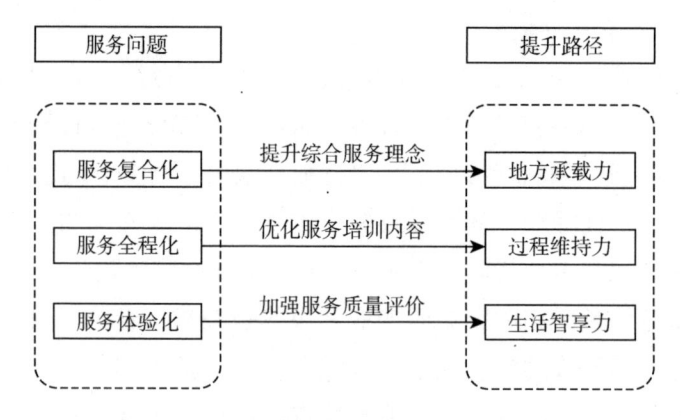

图 5-7 云南省健康旅游服务能力提升路径

（一）提升综合服务理念

服务理念解决的是"服务复合化"问题，为健康旅游服务增强"地方承载力"。健康旅游服务的发展必然要增加地方医疗系统压力，挤占原属本地人的医疗资源，也会增加旅游行业的服务内容和服务形式。综合服务理念的提升有利于提升服务人员的服务意识，增加管理人员的服务建设。健康和旅游本身具有综合性，其融合产生的健康旅游更具有综合性。从全省来看，云南省各州市拥有丰富的民族医药资源和特色养生方式，为提升综合服务理念提供了一定基础。各州市可依托当地特点进行综合服务理念打造，凸显服务特色，在旅游服务过程中增加更多健康内容，从而实现"健康落地"和"健康开花"，增强游客的服务体验。

（二）优化服务培训内容

服务内容解决的是"服务全程化"问题，为健康旅游服务增加"过程维持力"。与其他旅游服务和健康服务不同，健康旅游服务对体验性的要求更高，需要服务人员有更多的耐心和细心。作为传统的旅游大省，云南省在旅游服务的各个方面已得到极大的提升，但是对旅游服务人员的培训还停留在传统旅游的层面，并没有将健康服务融入其中，同时对健康服务的改善力度较小，使"病人"感受强于"游客"感受,影响了健康旅游服务内容的进一步提升。在具体优化过程中,要注意加强对相关人员的培训,增强游客的"体感认知"和"心理认知"。

(三) 加强服务质量评价

服务质量解决的是"服务体验化"问题,为健康旅游服务添加"生活智享力"。从健康旅游服务的发展来看,健康旅游服务比旅游服务、健康服务更难评价,健康服务更多强调的是结果,而旅游服务更多的是强调过程,两者存在一定的区别。云南省旅游服务质量评价体系中已经有了投诉机制,可再融入对健康服务的投诉机制,一方面可推进旅游服务与健康的融合,另一方面也有利于推动健康服务与旅游活动的融合,提升健康服务水平。在具体评价方面,各州市可根据自身特点推出不同形式的评价方式,以满足游客对健康的需求。在经济较为发达的区域可使用健康机器人进行具体健康测评,突出智能化和便捷化特点,建设"无接触健康"评测中心,消除旅游者的顾虑。

三 环境质量方面

环境是健康旅游发展的保障性力量,是云南省未来健康旅游发展的重要保障。环境质量的高低不仅决定现有环境竞争力的大小,也将对未来健康旅游发展产生深远的影响。为提升云南省健康旅游环境质量,主要应从深耕"大环境"、改善"小环境"、培育"中环境"入手。

(一) 深耕"大环境"

"大环境"解决的是"环境宜居度"问题,为健康旅游环境增强"生态保护力"。从健康旅游的发展来看,"大环境"始终是发展的基础性条件,与"环境宜居度"密切相关。良好的"大环境"将创造一种宜居的环境氛围;较差的"大环境"将不利于环境的宜居化发展。云南省各地州市均拥有较好的生态条件,但因发展不平衡,某些地区环境保护并不是很好。在今后的发展中,云南省各州市要推进"指标化管理",对空气、水、土壤、饮食进行指标化布控,以实现对"大

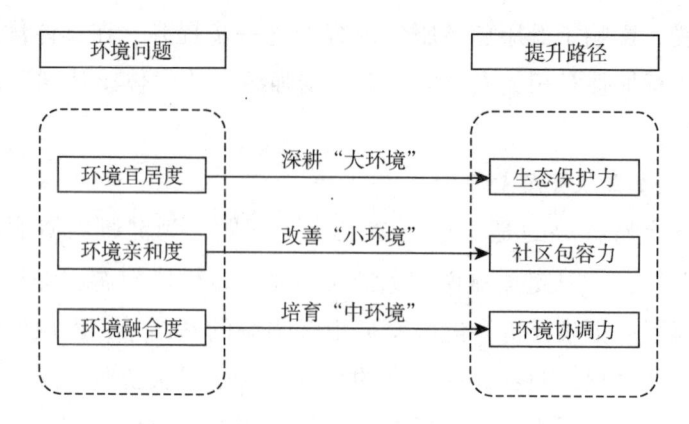

图 5-8　云南省健康旅游环境质量提升路径

环境"的完全治理。

（二）改善"小环境"

"小环境"解决的是"环境亲和度"问题，为健康旅游环境增加"社区包容力"。从健康旅游活动来看，游客主要活动区域依托于社区，对社区有极大的依赖性。良好的社区环境将丰富生活内容，改善原有的生活状态，吸引更多的游客；较差的社区环境将影响人们的心理感受，降低热游客的旅游意愿。在具体实施中，云南省应发挥传统民族社区的优势，逐步构建"健康社区"。比如，在旅游社区中设置心理减压机构、体育活动场地、社区活动机构等健康服务设施，及时解决游客的健康问题。

（三）培育"中环境"

"中环境"解决的是"环境融合度"问题，为健康旅游环境增加"环境协调力"。从健康旅游未来发展来看，健康旅游不仅需要生态环境和社区环境，更需要两者之间的协调。培育"中环境"可在一定程度上降低环境之间的矛盾，增强环境融合程度。云南省健康旅游环境存在"偏生态，轻社区"的问题，这样的发展模式虽然可以改善环境，但降低了环境体验。在具体改进过程中，地方政府应增加与当地社区的沟通协调，在环境改善、医疗救护、社区形象、利益分配方面进行完善，保障当地社区在健康旅游发展过程中的权益，以缓解当地民众的抵触情绪，同时应进行整体的"氛围化营造"，实现"让健康走出社区"和"让安全走进社区"。

从云南省健康旅游发展水平提升路径的研究中，可得出以下几方面结论：第一，云南省健康旅游发展需要采用"中心突出"的发展布局。第二，健康旅游产业的发展需要进一步重视。第三，健康旅游服务需要从服务理念、内容、评价等方面进行入手，推动原有内容的优化。第四，健康旅游环境要推动自然环境与社区环境的融合发展。

第六章　健康旅游规划设计研究

第一节　医养旅游试点
——温泉山谷

一　项目建设基础

（一）概述

"梦云南·温泉山谷"（以下简称"温泉山谷"），位于云南省昆明市所辖县级市——安宁市温泉镇。安宁市依据其良好的自然环境、悠久的人文历史、雄厚的产业基础，抓住昆明市建设"中国健康之城"的重大机遇，在中国保健协会、中国医学科学院和中国标准化研究院专家智囊团的大力支持下，编制了《安宁市康养健康产业发展规划纲要2018—2023》。纲要明确指出通过打造大健康产业"123"布局：一个目标，即打造中国大健康产业示范区，把大健康产业培育成安宁市国民经济支柱产业之一；两大理念，即深化健康引领的理念和产业融合的理念，贯彻落实"健康中国2030战略"，促进大健康产业有机统一和多元发展；三大基地，即打造以温泉旅游小镇为核心的康养运动基地、以太平新城为核心的康养服务基地、以南部片区为核心的康养休闲基地，最终将安宁建设成为国家健康城市，云南健康旅游目的地标杆示范高地。

温泉山谷位于安宁市大健康产业"123"布局中三大基地之首的

有两千多年历史的全国环境优美乡镇——温泉镇。项目占地3.4万亩，周围覆盖着十余万亩原生态森林，毗邻具有浓厚人文气息、较高文化和艺术价值的摩崖石刻，与古树繁花掩映中的国家重点文物保护单位——宋代古刹曹溪寺，与螳螂川相望。项目配套齐全，全科社区医院、康复医院、干细胞治疗中心、民族医药馆、健康管理中心等医疗服务设施；与世界为数不多的"可饮可浴"碳酸钙地热水资源"天下第一汤"同脉的温泉中心，包含26个风格迥异的景观功能泡池、露天泳池、汗蒸房、温泉禅修院等温泉养生设施；国际标准原生态山地高尔夫球场、国际网赛中心；两个公园：山地自行车公园和森林步道公园等运动健体设施；市政管理区、城市综合体、学校、星级酒店等休闲度假设施。温泉山谷建成后将成为云南集"医护康养、文旅休闲、体育康健、优质教育、商业金融、养生住宅"六位于一体的国家级康养度假胜地。

（二）地理区位

温泉镇地处云南中部，安宁市区以北7公里，东靠凤山，西靠龙山，东南与连然镇毗邻，西同草铺镇相连，北与团结乡和青龙镇接壤，螳螂川自南向北穿过。温泉山谷位于温泉镇中心区域，距离昆明市35公里，车程45分钟，处于昆明主城、长水国际机场"1小时经济圈"内。项目紧邻昆（明）安（宁）、安（宁）楚（雄）高速、320国道，位于昆安、安楚、安晋高速公路和昆明环城、环滇池路网的重要交会点。随着"昆安一体化"融城建设提速，未来昆明城市轨道交通安宁线—昆安城际列车将进一步完善项目地的交通系统。

（三）环境条件

项目地位于云贵高原中部螳螂川畔温泉镇，属中亚热带低纬度高海拔地区的高原季风气候区，年平均气温14.7℃，年平均相对湿度76.0%。森林覆盖率79.27%，空气中富含负氧离子，环境优美，气候温和，全年均适宜医疗养生、运动健体、休闲度假等活动。

项目所在温泉镇有两千多年历史，是云南传统温泉疗养度假胜地。

历代文人雅士如徐霞客、杨一清、杨慎、董必武、郭沫若等人曾在此留下题词、碑铭、诗歌、壁画等，人文气息浓厚。曹溪寺、云南省佛学院、云南省干部疗养院环绕项目四周，与温泉山谷形成一个医养旅游生态圈。

项目所在地自然、人文环境条件优越，加上项目内规划配套的二甲医院、全科社区医院、健康管理中心、温泉SPA会所、温泉禅修院、国际网赛球场、森林步道公园、高尔夫球场、星级酒店群、别墅、洋房、公寓等，使温泉山谷完全有条件成为国内全龄段医养旅游目的地示范区。

（四）产业条件

宜人的气候、优美的生态环境是发展健康旅游产业的前提条件。安宁市年平均气温14.9℃，全市森林覆盖率51.37%，负氧离子含量全国城市排名第二，拥有"可饮可浴"的碳酸钙地热水资源等，满足发展健康旅游产业所需的自然环境条件；良好的医疗配套是发展健康旅游产业的核心条件，除了引进具备省内先进水平的新昆华医院外，安宁在普惠医疗、健全卫生服务体系方面也取得了一定的成绩：到2018年底，全市各级医疗机构216家，床位3640张，千人拥有床位9.9张，实现医疗机构全覆盖，形成城市"15分钟社区健康服务圈"，农村"30分钟乡村健康服务圈"，为健康旅游产业奠定了坚实的基础。目前，安宁大健康产业"123"布局已初具雏形。在安宁大健康产业三大基地中，以"整旧迎新"的思路激活、释放温泉小镇"天下第一汤"的活力；以"新城新作"的原则规划、建设太平新城，引进健康管理、特色医疗等项目；以"扬长补短"的方法打造南部片区，建八街、县街为高原特色农业、现代观光农业、中草药种植、生态食品加工基地。安宁市政府重视生态环境保护，"十四五"规划进一步明确了建设滇中最美绿城的目标。2017年，安宁市在全省率先进入全国文明城市、全国百强县（市）行列。

项目所在地温泉镇，旅游产业历史悠久、健康产业条件优越，乡镇企业主要以旅游业为主，开采、加工、建筑等污染较小的产业为辅，驻镇省、市属企业有云南省干部疗养院、云南省第一人民医院温泉医院、云南省保健康复中心、昆明市干部疗养院等十余家，主要开展医疗、保健、康复、疗养业务；温泉镇拥有温泉心景花园酒店、金方森林温泉半山酒店、温泉宾馆、温泉半岛凯莱度假酒店等酒店百余家，住宿产品层次丰富，特色各异。2004年温泉镇荣获"国家卫生镇"称号，2005年创建为"昆明市文明小城镇""云南省生态镇""全国环境优美乡镇"。

（五）项目主体

温泉山谷由云南省城市建设投资集团有限公司（简称"云南城投"）投资打造。云南城投成立于2005年，是在深化政府投融资体制改革背景下，经云南省人民政府批准组建的现代大型国有企业，是全国第一家省属城投公司。经过15年的发展，集团主营业务涉及城市开发、城镇环保、康养休闲等多个领域，形成立足云南、拓展南亚与东南亚的战略格局。

按照云南省委省政府将集团打造成为"文化旅游、健康服务两个万亿级产业的龙头企业"的战略定位，云南城投集团持续完善文旅康养综合服务生态产业链，聚焦主业、助力云南，持续推动业务转型升级，力做云南打造健康生活的主力军，做云南绿水青山的守护者，做云南产业转型升级的引领者。

集团文旅康养产业以景区开发经营为主导，形成以昆明为中心，以滇西北、滇南和滇东南精品旅游线为主、滇西为辅的旅游资源布局，具有世界著名的迪庆香格里拉、西双版纳、文山地区等核心旅游资源，拥有1个5A级景区、7个4A级景区和2个3A级景区，掌握了云南省约三分之一的优质旅游资源。腾冲玛御谷等旅游小镇4个，自驾游平台1个，普洱倚象山"半山酒店"等自驾营地项目3个，运营洲际、悦榕庄、希尔顿等品牌酒店20家，拥有客房数约8000间，在建品牌酒店14家，是云南规模最大、产品最多、实力最强、产业最广的旅游产业整合运营服务商。

集团康养业务涵盖医疗、医药、保健品、健康管理、康养地产开发等医学研、康养旅一体化全产业链。与昆明市第一人民医院合作，成为全国第一个并购三级甲等公立医院的企业。集团投资建设的甘美国际医院解决了昆明北市区60万人的看病难题。与法国巴黎第五大学、美国善福德等国际知名院校、医疗机构建立合作关系。旗下运营医院5家，医疗床位数逾5500张，基础医疗依托昆明市一院"器官移植及肝胆胰外科领域院士工作站"人体器官获取、DCD器官移植技术已达省内第一、国内一流水平；医院在研国家级项目5项，省级项目36项，市级项目40项。与法国巴黎第五大学联合建设的P3级艾滋病疫苗及肿瘤基础研究实验室进入施工建设阶段。生物医药方面拥有云南三七全产业链、23项发明专利、5项实用型新型专利，"云三七"品牌影响力持续提升，2018年居云南省"十大名药材"第一位。

温泉山谷是云南城投集团为实现大健康产业布局，打造康养产业示范标杆的重点项目，是以"梦云南"品牌为代表的集康养、旅游、度假等主要功能于一体的产业板块康养复合项目。

二　项目发展定位

（一）发展思路

梦云南·温泉山谷地处安宁温泉镇东北，坐拥优越的自然生态条件及久负盛名的温泉养生资源，依托云南城投集团的大健康产业资源优势，以大健康产业链为核心，以"旅游产业、体育产业、健康产业、教育产业、商业金融、养生住宅"构建六位一体、产业互融康养产业示范区，致力于打造云南乃至全国具有标杆效应的全龄化医养活力大盘。

为了贯彻国家"健康中国2030战略"，云南省政府制定了打造世界一流"绿色能源""绿色食品""健康生活目的地"的"三张牌"转型战略，加快满足人民群众日益增长的对美好生活向往，经过几轮规划调整、扩容增资，温泉山谷已由住宅开发为主的地产项目转型升级为大健康康养、大旅游度假综合体项目。项目初步完成以医疗、医药、养生养老、生物资源、健康产业投资与管理为核心的医、养、管三大产业布局，全力强化医疗、养生、休闲、度假等业态，革新云南乃至全国温泉生活新方式，打造国际康养标杆小镇。

（二）总体定位

项目依托"天下第一汤"温泉水资源、"金色螳川"山水田园风光、千年古刹"曹溪寺"、世界唯一"三语"教学的云南省佛学院等自然、文化资源优势，推进相关产业资源要素整合提升，形成功能复合业态体系，以温泉特色小镇建设为契机，打造生态优美、产业突出、宜居宜业，集医疗养生、康复健体、休闲度假、运动赛事、家庭居住于一体的云南标杆效应的医养活力小镇、国家高品质温泉健康旅游目的地。

（三）功能定位

温泉山谷以"医护康养、文旅休闲、体育康健、优质教育、商业金融、养生住宅"六位一体的功能定位，依托昆明第一人民医院（甘美医院）资源，按照二级甲等医院标准，建设编制约300个床位的康复医院，引进干细胞医疗中心、生殖遗传医院、医疗产业的企业总部以及健康监测中心、健康数据管理中心和健康管理机构；打造国际网赛中心、高端生态运动场、运动员村、露天温泉SPA、凤山禅修森林温泉、五星级国际酒店、综合风情商街等功能性配套设施，满足全龄段医疗、养生、休闲、度假、居住需求。项目计划2019—2024年建成自驾车、房车省级示范营地，省级旅游度假区，省级医疗健康旅游项目，省级森林疗养基地；2025—2030年建成南亚、东南亚高端康复疗养中心，国际性体育训练基地。

三 项目规划布局

（一）总体布局

温泉山谷整体规划用地31000亩，包含1200亩高尔夫球场、700

亩凤山森林温泉SPA、44亩碧玉湖、400亩百合花海公园、8000平方米风情商业街等。2008年至今已开发区域14800亩。未来项目将向东部扩张，结合东部优越的山林环境，新增建设1个中心医院、3—5个专科医院、1个健康管理中心，完成10000张医养一体的养老养生护理床位的规划目标，着力打造健康产业园，实现以医疗、医药、生物资源、养生养老、健康产业投资与管理为核心的"医、养、管"三大产业布局。项目另将建设1个国际品牌五星级酒店、3个三星级以上精品酒店，并在东片区建设安宁东大门商务及商业中心，提升整个项目旅游及商务接待能力。项目计划引进国内三所学校，完善从幼儿园到高中的全龄教育配套。同时还将配合温泉镇打造国际网球小镇的建设目标，建成可举办网球ATP500赛事的场馆，以及多功能综合体育馆、足球场、篮球场、自行车道、慢跑道等体育设施。

（二）空间布局

项目坐落于安宁大健康产业"123"布局的核心基地——温泉镇。"医护康养、文旅休闲、体育康健、优质教育、商业金融、养生住宅"六位一体的国家级医养小镇已初具雏形。在建高铁贯穿项目东西，使得整个项目呈现"一带两翼四片"的空间布局。

一带：在建高铁贯穿项目西东，将项目地分隔为东西两片区。

两翼：东翼商务休闲片区向会议会展、购物休闲、运动基地、房车营地等方向拓展。西翼住宅康养片区向宜居康养、温泉疗养、养生康体、生态旅游等方向拓展。

四片：西片主要包括住宅区、健康管理中心、全科社区门诊、温泉区、禅修院、望湖文旅商业区、国际会议中心等，目前基本建设完成；东片区主要包括商业区、住宅区、会展中心；北部片区包括房车营地、森林步道公园、安养社区、商业区、住宅区等；中部片区包括康复医院、养护院、全龄段学校区、网赛中心、高尔夫会所等。

（三）功能布局

项目由四个功能板块构成。

温泉养生区：以 26 个露天温泉 SPA、温泉禅修公园等项目为支撑，体现"温泉养生"功能。

医疗康复区：以昆明市第一人民医院先进的医疗技术为依托，以慢性病康复医院、全科社区医院、月子中心、干细胞治疗中心等项目为支撑，体现"医疗康复"功能。

运动健体区：以山地高尔夫球场、山地运动中心、凤山森林步道、百合岭健身步道、野趣运动公园、网球馆等项目为支撑，体现"运动健体"主题。

度假生活区：以湖滨商业广场、购物中心、湖滨酒吧、水幕电影、学校、五星级国际酒店等项目为支撑，满足"度假生活"需求。

（四）业态布局

温泉山谷核心业态主要包含四个类型。

第一类，医疗康复。项目已运营的社区医院是目前云南康养地产项目中品质最好的全科社区医院。同时，云南城投集团大健康产业下辖昆明第一人民医院（甘美医院）已落地项目中，正在加快建设，预计 2020 年 12 月投入使用。项目还包含健康管理中心、月子中心、干细胞治疗中心等医疗康复设施，真正兑现医养小镇的项目定位。

第二类，温泉养生。依托"天下第一汤"可饮可浴自然温泉资源优势的温泉中心，打造集保健、洗浴、美容、疗养于一体的 600 多亩凤山森林 SPA 公园：露天温泉共 26 个风格各异的泡池，同时配有一个露天泳池、一个汗蒸房，瑜伽房、健身房、温泉禅修院也在建设中，全方位满足温泉养生需求。

第三类，运动健身。项目包含高尔夫球场、森林步道公园、国际网球赛场等运动健身设施。其中国际网赛中心包含 1 个主场馆，2 个半决赛场，4 个预赛及训练场，建成后可容纳约 8000 人，可举办 ATP500 级别赛事。郑洁网球培训学校签约入驻，依托优越的训练环境，助力安宁体育事业专业化和国际化，成就温泉镇打造中国知名网球集聚地战略目标。

第四类，休闲度假。项目规划建设一个国际品牌五星级酒店、3个三星级以上精品酒店，在东片区集中布局安宁东大门商业、会务、会展中心，提升整个项目旅游及商务接待能力。

四　项目产品体系

按照"一带两翼四片"的总体空间布局，温泉山谷按照"医疗、养生、康体"三大核心板块进行健康旅游产品打造，基本构建出以养生为基础、医疗为核心、健体为特色的项目及产品体系。

（一）基础项目及产品——温泉养生

项目以温泉资源为基础，充分利用温泉水、温泉地微气候与良好的生态环境及其他自然疗养因子，并结合特定的温泉康养设施、配套服务设施及专业服务，通过温泉体验、温泉文化研习、营养膳食、健康评估与教育、修身养性、融入自然、关爱环境等各种健康促进手段，使人在身体、心智和精神上达到自然和谐的状态。

（二）核心项目及产品——医疗康复

项目规划2所中心医院、5所专科医院、1个干细胞治疗中心、1个健康管理中心等设施，从根本上打破了康养项目无品质"医疗资源"保障的困局。

温泉山谷与第一人民医院签约，严格按照二级甲等标准打造温泉康复医院。3万平方米、300床位的升级配置，将全方位进行出生到老年的专业健康管理，为医养生活打下坚实基础，真正实现了优质医疗资源的下沉和就医环境的显著提升。医院配置一系列进口高端医疗仪器设备、强大的医疗团队和专业的健康管理人员，第一人民医院派出专业技术骨干人员，开设专家门诊，助力整个温泉镇卫生事业的发展。温泉康复医院按照"医康养"三圈模型与现代健康管理理念，提供全科医疗、全空间照护、全家健康管理、亚健康及运动管理四大服务，开展"专业专家团队多对一的个人健康管理""就医免挂号绿色通道""疑难重症会诊、双向转诊绿色通道""互联网预约专家门诊、手术及查房"和"通过智能终端健康管理设备健康评估与健康干预指导"等全方位医疗服务,打造项目涵盖医疗健康、安心养老、营养膳食、生活保障医疗康复一站式关爱体系。

（三）特色项目及产品——运动健体

项目依托温泉丰富的水、陆自然资源,全方位打造运动健身设施。2019年,ATP500国际网赛中心已经开建,总建筑面积约49500平方米,包含1个主场馆,2个半决赛场,4个预赛及训练场。建成后可容纳约8000人,可举办ATP500级别赛事,成为中国最大网球红土赛场集聚中心,将成为中国的"罗兰·加洛斯"。同期,配套1个国际标准18洞山地高尔夫球场及会所、运动综合服务中心、高端生态运动场、运动员村、全民健身综合体育馆等,充分将健身休闲、体育赛事与旅游产业相渗透融合,激活项目特色增长点,助力安宁体育事业专业化和国际化。

五　项目实施措施

（一）土地利用

梦云南·温泉山谷由上市国企"云南城投"打造,截至2019年项目规划总占地面积约31000亩,总建筑面积约1490万平方米,整体容积率1.5,绿化率52%,建筑密度23%。项目依托温泉镇2000年文化沉淀,发挥得天独厚的自然资源优势,增加国际性的旅游、休闲、度假符号,打造云南文旅航母级康养项目。

（二）公共服务配套

1. 交通配套

高铁系统：国际高铁安宁站（规划中）,中国西部出境的必经站点,成就中国西部交通门户。

轨道系统：东西快线（规划中）,由西向东横贯昆明市中心,无缝接驳三号线,通车后,安宁正式纳入昆明城市轨道交通系统,26分钟畅达昆明。

快速系统：昆安高速、新昆安快线（规划中）、320国道等路网系统，将实现项目地5分钟到安宁，30分钟到昆明主城的便捷出行。

公交系统：12路、18路、机场大巴专线、温泉山谷公交专线已正式通车，出门即享便利公交出行。

2. 基础设施配套

基础设施工程主要包括给水工程、排水工程、供电工程及公用设施。

项目主要的房屋建设区采用雨污分流制。雨水经雨水管或雨水沟自然排放，或收集后用于绿化带的灌溉；生活污水经化粪池处理后达到《污水排入城镇下水道水质标准》（GB/T31962—2015）要求后进入市政管网。

项目的游憩设施包括座椅、果皮箱、指示牌等，结合出入口、道路、景点景观场地以人为本进行布置。各景点附近、游人活动场地附近设果皮箱，定时收集清理垃圾。路标及公园导游牌设在出入口游人集散场地处。项目周边已实现水、电、电视、电话、路、网络六通，公用设施条件成熟便利，完全满足项目需求。

（三）康养设施

温泉山谷按照"医康养"三全模型与现代健康管理理论结合，提供全科医疗、全空间照护、全家健康管理、亚健康及运动管理四大服务。已建成康复医院、社区门诊、健康管理中心、民族医药馆。此外，运动康复中心、月子中心、干细胞治疗中心、医药康养酒店、医药研究院等也在规划建设中。

（四）服务系统

安宁温泉山谷以标识标牌为载体，凸显景区的景观特色和旅游内涵：通过设置景区游览环线图，疏导指引游人以最佳的路径游览观光，帮助游客了解项目资源及价值；设置科普标识标牌，对景区内独特的山势山体、土壤特征、古老的珍稀保护植物、常见动物等生态环境，以及中式温泉SPA露天泡池等文旅康养设施，山地高尔夫球场等运动健身设施进行科学解释、介绍，提高项目品位、挖掘项目内涵。与此同时，温泉山谷不断完善标识标牌，根据景区景观与环境的实际情况，从形式、材料、色彩、功能、用途上反复推敲；运用创新方法，寻求一种新的视觉体验。

安宁温泉山谷的解说设施有导游人员解说、多媒体解说和图文解说三大类别。

导游人员解说：在项目地按照工作的地点和时间，将解说人员分为专职导游和兼职导游。具有专业技术的专职导游主要在游客中心提供解说服务；在旅游区则由部分兼职导游提供讲解服务。

多媒体解说：在项目地游客中心设置有语音解说、触摸互动式解说和影视动画解说三种多媒体解说方式，多媒体解说不仅能够有效传达信息，还能给游客提供休闲、娱乐、学习的机会，也利于项目地形象的提升。

图文解说：通过文字或图片向游客传达有关景区景点的信息。按照其表达形式可分为文字型、图片型和图文结合型，这三种形式各有所长，在旅游区根据实际情况有不同的应用。

智能解说系统：一是通过手机扫码介绍项目信息、节点设计创意、文化历史沿革；二是通过驿站设置360度智能导览图、全息影像装置了解温泉山谷的变迁。

旅游智能电子门票系统：景区电子门票系统是利用RFID电子标签技术来实现的，具有电脑售票验票、查询、汇总以及统计和报表等门票控制管理功能。另外，电子门票实际上就是景区内的"一卡通"，游客在对门票充值以后，可以将其用于景区内的乘车、住宿、餐饮、娱乐活动及购物等一切消费活动。在每次的消费中，扣除相应的消费金额，剩余的金额可在游客离开时返还。完整的景区RFID应用系统，将景区门票、餐饮、酒店以及交通等进行有效整合，为游客提供一条龙服务，该系统不仅能提高景区的服务水平，更能提高景区的管理水平。应用景区电子门票可以让游客快速验票、快捷消费，可以减少服务环节，提升游客体验。

智能互动参与装置系统：通过驿站感应摄像头和投影仪动态捕捉到正在经过的游客，将其投影在墙面上；投射各种趣味标语；设置智能闯关游戏，兑换小礼物，提高游客的参与度；设置"安宁温泉山谷"智能明信片体验区，通过摄像头进行人脸识别，制作出个人专属明信片。

满意度智能采集：通过人脸识别系统，用大数据来体现出游人对服务站的满意程度。游客也可以通过 App、小程序等对景区提出评价与反馈意见。

智慧旅游智能监控定位系统：采用稳定可靠的无线视频监控系统，可以实现对各个景点安全、科学、有效的管理，对旅游区现场实施全天候、全方位 24 小时监控及人员流动记录，达到加强现场监督和安全管理、提高服务质量的目的，使工作管理更加规范化、科学化、准确化、智能化、信息化，为旅游区安全工作提供有力保障。

六 项目示范意义

（一）健康旅游产业形态示范

温泉山谷项目以温泉养生为基础，医疗康复为核心，运动健体为特色，商务休闲为支撑，通过健康产业与旅游产业融合发展，优化健康旅游产业结构，提升健康旅游产业形态，赋能区域经济发展，具有产业标杆示范作用。温泉山谷以"医疗+养生"为特点，成为本次健康旅游目的地建设示范区的医养旅游示范试点项目。

（二）健康旅游标杆产品示范

标杆产品一：医疗康复产品示范

梦云南·温泉山谷依托安宁温泉镇优质的自然环境和生态资源，将"康养医护""康养住宅""康养服务"三大核心医养产品融会贯通于项目打造的每一个环节。昆明温泉康复医院位于温泉山谷项目中心位置，建筑面积约 30000 平方米，严格按照二级甲等综合医院打造。

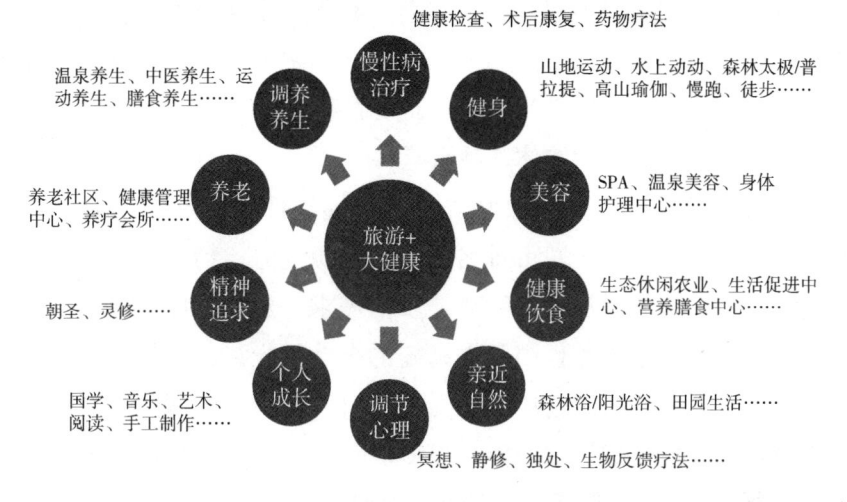

图 6-1　温泉山谷健康旅游产业融合图

为响应国家和卫健委倡议，推进"互联网＋健康医疗"的服务理念，项目投资 200 万元建立了约 150 平方米的温泉山谷智慧健康管理中心，规划有接待洽谈区、健康检测咨询服务区、后台监控呼叫中心区、产品展示区。通过健康监测设备、智能化穿戴设备、云安防设备、适老化设施、手机 App、陪医导诊、医院绿色通道以及其他线下服务，为业主以及健康旅游者提供全龄化、全方位的健康管理、安全监护、生活照料、文化娱乐、多元化的健康管理。

标杆产品二：温泉养生产品示范

温泉山谷计划打造了 20000 平方米凤山禅修森林温泉，其中有 26 个风格各异的泡池，并配有露天泳池、汗蒸房、健身房等。温泉水温 42℃—45℃，是天然碳酸钙镁泉，无色、无味、无臭，富含的多种微量元素，有利于调节皮脂分泌、改善皮肤瘙痒等症状；温泉水的水压、水温和浮力会使人体血液循环顺畅，对风湿性关节炎、颈椎病有极佳的治疗效果，对提升免疫力、增进健康有显著功能。温泉产品迎合全龄层度假、休闲、养生需求。温泉山谷坐落的温泉镇历史悠久，人文资源丰富，结合佛教禅修思想，依托于云南普洱茶文化，紧扣"禅修"这一项目主题,通过瑜伽、品茗、食素、抄经等产品设计,引导消费者领悟自然的神奇美好,将"禅"意精神作为温泉产品设计灵魂,营造简约自然、返璞归真的疗养度假景观。

标杆产品三:运动健体产品示范

项目依托温泉镇得天独厚的自然气候条件,近80%的森林覆盖率,负氧离子含量全国城市排名第二的资源优势,精心打造运动健身设施:为满足日益增长的长距离徒步的需求,建设了凤山森林步道公园,让徒步者在健体过程中欣赏旖旎的自然风光;山地越野自行车公园让骑行者在速度与激情中,感受挑战自我的快乐;国际网赛中心已于2019年开建,总建筑面积约49500平方米,建成后可容纳约8000人,举办ATP500级别赛事,将成为中国最大网球红土赛场。

(三) 健康旅游"医养居"开发模式示范

基于居住需求,结合传统养生理念,融合先进的医疗技术,以提升健康水平和生命质量为目标,云南城投创新开发模式,与昆明市第一人民医院合作,打造温泉山谷"医养居"三合一的大健康产业旗舰项目。

医、养、居各自承担着丰富的内涵,包含多方面含义。温泉山谷以社区为基地,高品质医疗健康配套为核心,打造全龄段医疗系统,提供预防、保健、康复等医疗功能。项目通过健康管理中心、民族医药馆、温泉禅修院的配套传播科学的保健知识、倡导健康的生活方式;推动建立互联网智能"医养居"服务平台,借助昆明市第一人民医院专家优势与相关机构合作,推广温泉理疗、民族医药调理为主的服务在居家养老、慢病康复上的应用;推广干细胞研究,开发相关服务和康复产品,贯彻"治未病"的健康理念。温泉山谷选址于"昆明后花园"的温泉镇,优越自然条件,高森林覆盖率、高负氧离子含量、温和的气候、充足的光照都是项目得天独厚的"先天基因",同时项目进行"适应改造":楼梯台阶的高度、地面的光滑度、氧气的接入、紧急呼叫系统的配置等都最大化地符合医养生活的需求。

在医疗健康配套为核心的前提下,"医养居"模式的其他配套属性也必然由健康概念衍生,运动、人文等是其关键词,像温泉山谷打造的中国最大的红土网球场、温泉中心等便属于这一类型。云南城投打造的梦云南·温泉山谷项目,为"医养居"健康产业模式的发展提供了一个借鉴研究的范本。

七 试点提升方案

(一)深挖区域优势,突出自然、文化优势

项目虽然规划了温泉禅修院、民族医药馆等特色项目,然而产品类型单一,缺乏内涵,特色不突出。项目还可以对温泉镇自然环境优势、云南少数民族文化特色进行深入挖掘,系统梳理,突出特点,打造云南健康旅游目的地第一品牌。

例如,深入了解云南民族文化,在温泉产品中融入民族医药等云南民族文化元素,在丰富项目文化内涵的同时,增强健康旅游目的地的吸引力。云南少数民族众多,温泉分布广泛,各个民族地区几乎都有温泉,自然涌出的温泉与世居地的民族相融共生,形成了各民族多彩的温泉文化,为温泉养生旅游发展提供了取之不绝的素材。传统民族中医疗法,辅以西方的 SPA 香薰理疗,可以成为发展健康旅游产业的良好载体,在温泉健康管理、康复疗养、慢性病及职业病的预防和治疗、养生养老等方面拥有巨大的发展空间。

温泉山谷周边覆盖 10 多万亩原生态森林的龙山和凤山,形成了一个超大森林氧吧,空气中常年负氧离子含量超过 80%。森林资源不仅具有调节城市温度、平衡生态的作用,也拥有众多珍稀物种及名贵中草药材,为避暑疗养和医药科学开发研究提供了可能。因此以山、林为依托,以森林浴、森林瑜伽、森林禅修为主题,以康养保健医药研发为产业拓展,延伸医养结合产业链,打造具有康养功能的国家级森林康养旅游度假地,提升健康旅游品质和服务。

(二)加强医养服务专业人员队伍建设,提升健康旅游体验

专业人才队伍的建设是医养服务的基础,随着 2020 年底温泉康复医院的全面投入使用，医养人才缺口将会进一步扩大。项目可以考虑与高等院校、职业技术学校建立战略合作关系，从康养类专业吸引优秀人才作为储备，同时根据这些优秀人才受过的专业训练，进一步拓展项目的医养内涵；同时，例如推动中医药保健、美容、SPA、护理等技能型人才的培养，加大医养技能培训经费投入，重视现有员工医护水平的提升。以技能为核心，以服务为特色，提升医养旅游服务标准，优化医养旅游服务品质，优化旅游体验。

（三）严守生态红线，实现可持续发展

温泉山谷项目所处安宁市，因良好的自然环境，被称为昆明的后花园。万亩森林包围着项目，汩汩清泉流淌其中，优良的生态环境是项目存活与发展之根本。生态保护应该在区域健康旅游开发和运营中摆在重要位置，严守生态红线，实现项目的可持续发展。

第二节　健康运动试点

——嘉丽泽养生谷

一　项目建设基础

（一）概述

昆明嘉丽泽·养生谷项目核心区占地8000余亩，位于云南省滇中新区嵩明—空港片区滇中产业新区的核心区域、嵩明县杨林镇嘉丽泽湿地的中心景观区域，是"国家AAA级旅游景区"，有世界级健康度假小镇的美誉。项目区域内有万亩原生湿地和浪漫花海、千亩东湖和八步海、海潮寺森林公园等自然资源，拥有北纬25°四季宜人的气候条件，加上激光水幕音乐喷泉、中影UL嘉丽泽影院、马术体验馆、立哲图书馆、华美达酒店、温德姆酒店等五星级酒店群、国际会议中心等高端配套，计划建设成集运动健康、专业赛事、旅居度假、医疗养生、商务会议等于一体的健康宜居度假胜地。项目依托际马术俱乐部、国际高原足球训练基地、高尔夫赛事和练习场地、水上运动优质场地、多功能汽摩基地、室内恒温游泳池等形成全国一流的专业级运动赛事基地，先后被评为全国一流特色小镇和中国体育旅游精品目的地，嘉丽泽养生谷以其国家级运动小镇的优势在健康旅游目的地中独树一帜，成为国家级的健康高地。同时项目内部配备有超大型康养天地、文艺时光、运动世界、童梦王国四大健康乐园，是集旅居度假、运动赛事、商务会议、健康养生等于一体的健康宜居度假胜地，可以全面满足人们对高品质文化旅游、健康养生等产品和服务的需求。

依托项目得天独厚的地理优势、宜人健康的自然资源、高端成熟的配套，整合世界500强集团旗下企业——健康的医疗康、养生养老、健康管理、医疗保险等品质资源，积极践行"健康中国"国家战略，致力于将嘉丽泽养生谷打造成为享誉全国、面向世界的万亩健康旅游目的地，树立全龄化运动养生型健康旅游项目的标杆，为全国的大健康事业助力。

（二）地理区位

项目位于云南省昆明市滇中新区嵩明——空港片区杨林嘉丽泽组团，位于杨林镇域内的东北部。项目紧邻昆明空港经济区、国家级杨林经济开发区、省级嵩明花卉产业园区、杨林工业园区和嵩明职教基地，位置在昆明主城、长水国际机场"半小时经济圈"内。目前项目周边拥有五大高速路网及多条城市主干道，其中横向有杭瑞高速、渝昆高速、嵩昆高速、320国道、长嵩大道等，可快速从嘉丽泽收费站进入嵩昆高速，有沪昆高铁与项目基地连接，未来将有轻轨机场线（6号线）及多条市政道路与项目基地链接。依托滇中新区建设的优势，嘉丽泽养生谷周边形成1机场1高铁1地铁6高速的立体模式，项目距昆明主城区45千米，车程40分钟；通过长嵩大道仅需15分钟车程即可抵达长水机场，通达全球；15分钟抵达高铁站，畅游全国成熟的高铁路网。杭瑞高速、空港大道、机场专线、绕城高速、嵩昆高速、长嵩大道等分布在该项目周围，交通便利。

（三）环境条件

项目所在地自然生态资源丰富、气候怡人、宜游宜养宜居。项目坐落于 AAA 级景区嘉丽泽万亩湿地公园景观之上，年平均气温 15°C，冬暖夏凉，四季如春，具有得天独厚的气候资源和高原湖滨生态优势。周边分布有千亩东湖及八步海、千亩浪漫花海、海潮寺森林公园、天然竹林道等生态旅游景点，是集绮丽风光、璀璨花海、蓝天绿地于一体的旅居胜境。整个区域的生态协调，与嘉丽泽·养生谷形成健康养生生态圈，强化客户体验，已建成高尔夫球场、五星级酒店群、西南第一马术俱乐部、国际会议中心等高端配套，并建有集别墅、洋房、公寓于一体的高端地产项目。湿地公园位于八河水域交汇之处，占地 30000 余亩，气候温润，森林绿化率达 44.6%，具有得天独厚的自然环境，湿地公园有万棵古木参天，数百种鸟类、植物在此繁衍生息，拥有白鹭、杜鹃、戴胜鸟等众多国家保护珍稀物种。千亩花海是由建筑师从原产地移栽的数百亩薰衣草等花种形成的，再现了普罗旺斯的花海美景。项目整体环境条件优越，是原生态健康生活目的地的极佳样板。

（四）产业条件

从区域产业发展看，该区域大力实施"533"产业发展战略，既包括了旅游和健康现代服务业集群，还有空港经济区千亿元级产业园区平台，其中旅游和健康产业是重要职能之一，发展潜力巨大。滇中新区将全力推进以"医、药、养"为核心，以"健、食、农、管"为延伸，融合"旅游、文化、大数据、金融、房地产"五个领域，重点推进集"药用植物、药品研制、医疗器械、保健用品、保健食品、健康旅游、健康服务"于一体的特色产业体系，着力打造具有国际竞争力的知名品牌和良性循环的大健康产业体系，加快将新区建设成为我国面向南亚、东南亚的医药服务产业基地、高端生物医学制造基地、国际健康生态休闲养生中心。

二 项目发展定位

（一）发展思路

嘉丽泽养生谷是以高原体育运动优势率先占位，后引入养生谷品牌，在医疗养生方面注入多元的优势资源，提升了区域品牌品质，从而激活区域影响力，助力该项目成为世界一流健康旅游目的地。项目的发展商以宜游宜养宜居宜业的优势为基础，以健康旅游为区域带动，以养生旅居为产业支柱，构建"健康旅游+房地产"的开发模式，以"养生+运动+旅游"的运营模式，形成近中远期的项目的稳步发展格局。

（二）总体定位

项目位于滇中新区东部核心区域嵩明片区，根据《滇中新区总体规划》，嵩明片区以汽车及零部件、高原休闲度假、文化旅游、养生康体疗养等产业为主，项目与片区产业定位高度一致，康养属性契合片区"旅游+健康"定位，整体宜游宜养宜居宜业。

嘉丽泽养生谷项目以"养生+运动+旅游"为主导发展方向，构造区域特色产业集群，形成功能复合的业态体系，打造集运动体验、高原体育赛训、养生养老、生态游憩、商务会展、度假于一体的产业复合型高原体育运动小镇和康养小镇，并致力于建设成为生态优美、产业突出、宜居宜业、智能智慧的中国健康旅游度假胜地和绿色创智产业培育区。

（三）功能定位

项目依托独特的资源优势，具有航母级规模体量，基本涵盖了健康旅游的全功能业态，包括多元运动、医疗旅居、养生保健、养老度假、度假旅居、温泉养生、探险游乐、文化创意等。从客户需求上来看，项目基本可以满足儿童、青年、老年全年龄段的健康旅游诉求；从产业业态上来看，项目的核心功能主要在运动、养生、养老、医疗四大方面，与健康旅游深度结合。

三 项目规划布局

（一）总体布局

嘉丽泽养生谷整体规划用地3万余亩，核心开发区域8000亩。其中包括4545亩康养小镇、3716亩健康运动片区、6151亩健康医疗片区、2151亩康养度假片区四大空间板块。

（二）业态及功能分区

嘉丽泽养生谷项目规划将健康产业、高原运动、度假休闲等产业与公共绿廊相结合，作为核心用地向亲水地段延伸并聚集，形成充满活力的"康养+智慧生态之城"。延续运动、度假、健康产业三条脉络，升级产业体系，形成四大功能板块。从整体布局上形成"一镇三区三核"的空间结构，构建多元复合、有机生长的空间格局。"一镇"即康养小镇，"三区"即健康医疗片区、健康运动片区、康养度假片区，"三核"即湿地度假核、高原运动核、健康医疗核。"一镇三区三核"的总体布局构建了嘉丽泽养生谷的核心。

四　项目产品体系

按照"一镇三区三核"的总体空间布局，嘉丽泽养生谷基本按照"运动、医疗、度假"三大板块进行健康旅游产品打造，基本构建出医疗养生为核心、以运动为特色、度假为基础的项目及产品体系。

（一）核心项目及产品——高原运动核

嘉丽泽养生谷项目平均海拔1900米，年平均气温15℃，全年可训练日超过300天，冬暖夏凉，四季如春，具有得天独厚的高原体育训练资源。2017年，昆明嘉丽泽入选第二批全国特色小镇，同期入围云南省25个创建"全国一流"特色小镇名单，是云南省首个高原体育运动特色小镇。昆明嘉丽泽依托优质的自然生态资源和8000亩核心区，秉持"产城融合"的发展理念，建设以高原体育运动产业为主，休闲、旅游、养生等配套产业为辅，集高原体育训练、生态旅游、休闲度假、康养医疗、大健康与智慧互联网于一体的新兴复合型小镇，成为产业突出、全国一流、世界知名的高原体育运动小镇。

嘉丽泽养生谷的高原运动优势明显，以体育赛事及体育训练为专业轴，以生态运动及运动健身为体验轴，突出高原体育产业优势，注入多元活力运动，形成高原运动+度假休闲的生态健康运动廊道。

（二）旅游项目及产品——休闲度假核

温德姆度假酒店：全球规模最大、业务最多元化的酒店集团企业。温德姆度假酒店充分利用昆明超长日照，打造超开阔观景阳台，让客人享受绝美养生谷视野。

华美达酒店：采用奢华装修风格，优雅温馨，呈现浓郁的北美乡村风情。环境宜人，远离城市喧嚣，让客人独享大自然的宁静与惬意。位于华美达酒店楼上的玻璃书屋，可乘坐观光电梯直达，在休闲之余，享受精神食粮的"美味"。

产业配套住宿：运动员公寓、养老公寓、疗养公寓、水乡康养社区、智慧康养社区、半岛木屋组团等。

嘉丽泽养生谷有4万平方米的四大健康乐园社区配套，包括超大型康养天地（颐养园）、文艺时光（长乐园）、运动世界（康益园）、童梦王国（亲子园），全方位配套与服务都在家门口，一站式满足社区居住所需。根据实际需求，社区居住可租赁、可购买。

嘉丽泽养生谷项目拥有3万亩原生湿地，森林绿化率达44.6%，拥有大面积的生态绿地、水域，非常适宜发展生态休闲旅游。依托项目的一系列滨水、湿地、森林生态资源和生态景观，打造集嘉丽泽"湿地、水岸、森林、溪谷、花海"于一体的宜游宜居的休闲旅游度假目的地。

（三）特色项目及产品——医疗养生核

嘉丽泽养生谷项目整合国内外优质健康资源，以养生谷为载体，以会员制为服务模式，构建医疗、健康管理、养老、养生、医药及医疗器械、生命科学六大系统；以医疗、医药、生命科学三大高精尖产业为支撑，创建多元化、多维度健康运营新体系，提供养生、养老、健康管理等全方位、全生命周期健康服务，全面提升国民健康生活水平，实现美好生活。

医疗板块。构建以高端国际医院为"塔尖"，恒和医疗平台和国内知名合作三甲医院为"塔身",社区医疗为"塔基"的"金字塔"结构医疗系统,将国际先进的人才、技术和设备等医疗资源导入健康社区,建立资源共享、分级诊疗、医养融合"三位一体"的医疗服务系统,全面提升老百姓健康生活品质。

养生板块。秉承"健康中国""幸福中国"的理念,首创全龄化养生理念,围绕孕前、婴儿、幼儿、儿童、少年、青年、中年、慧年、期颐九大生命阶段,打造涵盖身、心全方位的特色养生系统。通过营养膳食、心理健康、科学运动、文化、社交、旅居六大方面养生养心,打造"一家三代两居"的健康幸福生活。身体方面,通过健康膳食严格控制营养摄入,通过科学运动加强代谢,通过旅居养生调理身心;心理方面,通过心理调节、怡情文娱活动促进身体健康。

养老板块。结合国际成熟的 CCRC 养老模式,以养老院、日间照料中心为服务载体,开展涵盖居家养老、社区养老、机构养老等 5 大类 90 项养老服务,包括 50 项专业护理类服务、20 项普通照护类服务、7 项休闲娱乐类服务、2 项营养膳食类服务、11 项其他类服务。

五 项目实施措施

(一)公共服务配套

项目区规划居住人口约 14.9 万人,根据《云南省康养小镇(小区)建设标准》(初稿)、《嵩明县新建扩建居住区配套教育设施建设管理实施细则(试行)》、《城市居住区规划设计规范》等标准配置。从项目整体规划及分期打造情况,可将项目划分为:2 个片区级康养小区:运动组团、医疗组团;6 个邻里级康养小区:高尔夫组团、产业组团、已建组团、度假组团、高端居住组团、扩展组团。

构建四级公服配套体系:

城市级公服配套:特色康养服务设施

片区型公服配套:3—5 万人配套康养服务设施

邻里型公服配套:1—1.5 万人配套康养服务设施

街坊型公服配套：0.1—0.5 万人配套康养服务设施

（二）旅游设施及服务系统（标牌系统、智慧系统等）

生活配套服务设施

实现百分之百的集中供水供电

- 园区道路与周边道路网络完善
- 实现污水处理和生活垃圾无害化处理
- 通信及网络：100M 宽带入园，公建区 Wi-Fi 全覆盖
- 安防设施健全
- 公共停车场：已建面积约 3 万平方米

服务管理体系

- 各项服务配套完备
- 高标准管理体系
- 专业客户服务中心
- 健全的游客咨询、投诉中心

（三）环境与保护

嘉丽泽养生谷合理有度开发，着重保护原始生态景观，对污水、生活垃圾等处理均按照 100% 的处理标准，运用绿色节能、海绵城市等生态保护技术。在规划建设上，嘉丽泽高原水乡十分注重生态的利用、恢复和保护。通过湿地的恢复和保护，对水质进行有效改善，同时带来多样化的生态景观。

六　项目示范意义

（一）健康旅游产业形态示范

嘉丽泽养生谷项目的产业形态以健康运动为核心功能，以医疗旅游为原发特色，以度假旅居为实现形式，在健康旅游产业形态上是一个全产业组合链的综合型健康旅游示范试点。作为本次健康旅游目的地建设示范区的运动健康旅游试点，嘉丽泽养生谷以"健康运动＋旅居模式"成为医养运动和度假旅居特点突出的综合性示范试点项目。

图 6-2 旅游产业思路图

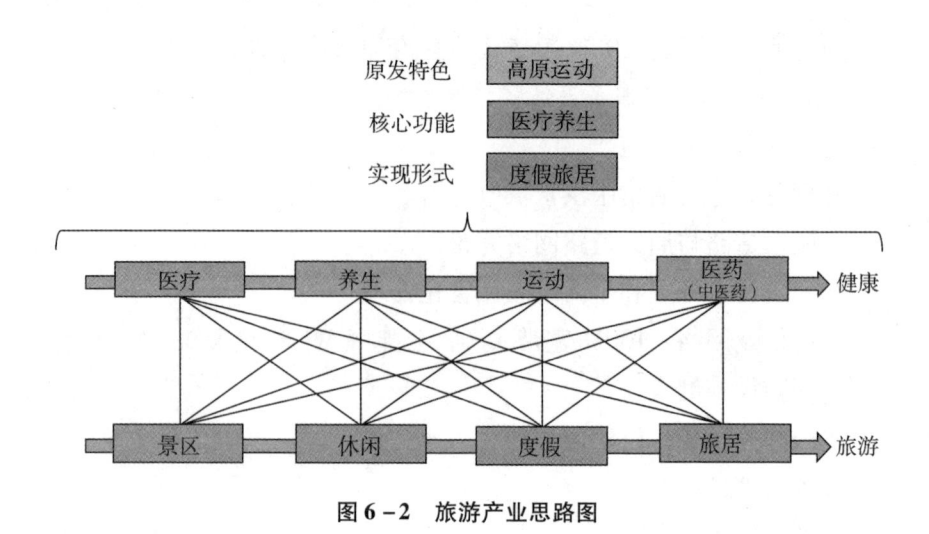

（二）健康旅游标杆产品示范

标杆产品一：养生谷——全面前沿的健康养生产品示范

养生谷创建全方位、全龄化健康养生新生活，高精准、多维度健康管理新模式，高品质、多层次健康养老新方式，全周期、高保障健康保险新体系，租购旅多种方式健康会员新机制，独创四大园，提供852项设施设备和867项服务。国际医院与养老院整合国际国内优秀医院、养老院等资源，打造国内规模最大、档次最高、世界一流的养生养老胜地，填补国内空白，开启全方位、全龄化养老养生健康新篇章。项目整合国内外优质健康资源，以养生谷为载体，以会员制为服务模式，构建医疗、健康管理、养老、养生、医药及医疗器械、生命科学六大系统，以医疗、医药、生命科学三大高精尖产业为支撑，创建多元化多维度健康运营新体系，提供养生、养老、健康管理等全方位、全生命周期健康服务，全面提升国民健康生活水平，实现美好生活。

标杆产品二：足球及马术产业基地——品质全产业链的运动产品示范

项目依托原有足球资源的基础优势和高原足球训练的优势，加上健康作为项目开发主体后引入足球资源，使得嘉丽泽养生谷体育运动板块的足球产业基地日趋成熟。足球产业基地秉承"对品质不妥协的追求"的原则,以为中国足球树立新标杆为目标,建立了规范、专业的建造和运营管理体系,致力于探索和实践"投资建设—管理运营—投资回报"全产业链的开发模式。基地具备承接国际、国内职业、业余及U系列足球队训练、比赛的能力,同时还可以适应橄榄球、棒垒球等项目的训练及比赛。挂牌国家体育总局小球运动中心训练基地、中国足协高原训练基地以及云南省足协训练基地。同时,嘉丽泽足球产业基地以体育+旅游为核心,构筑区域完善产业体系,形成足球经济产业链。足球运动教育落地嘉丽泽足球学校,足球运动文化宣扬体验落地嘉丽泽足球运动公园,与体育局共建国家级足球青训中心。同时还包括体育衍生品销售、广告赞助、赛事冠名、商务活动开发、俱乐部经济等。

嘉丽泽马术产业基地依托整个项目的人气聚集力和较大规模的社区业主,同时还依托嘉丽泽项目的高端国际酒店、高尔夫基地和青少年冬令营、夏令营等活动,形成了较大的规模和市场优势。嘉丽泽马术产业基地与莱德马业是强强联合,将莱德在速度赛马上的优势和蒙古特有的马秀表演落地到嘉丽泽,并自创了天马行空国际马术学院和青少年培训俱乐部,形成马术教育体系。加上速度赛马、马场马术以及大型的马术嘉年华马秀整体落地,形成了较为完整的产业链支撑,使得该项目的马术运动板块吸引力倍增,也是运动健康旅游的示范。

标杆产品三:嘉丽泽养老公寓——多元化、多层次养老产品体系示范

整合国际前沿健康养老模式,为活力老人提供医养融合、亲子同乐、旅居度假、医美抗衰、多彩学堂、娱乐社交、老年就业等养生服务体系;养老院为失能老人提供专业护理、日间照料、康复理疗、居家养老、人文关怀等养老服务体系。结合国际成熟的CCRC养老模式,健康以养老院、日间照料中心为服务载体,开展涵盖居家养老、社区养老、机构养老的5大类90项养老服务,包括50项专业护理类服务、

20项普通照护类服务、7项休闲娱乐类服务、2项营养膳食类服务、11项其他类服务。

嘉丽泽养老产品构建了机构养老——养老院、社区养老——日间老人照料中心、居家养老——老年公寓三个产品层次，满足不同的养老需求。同时，以乐园式养老环境、高品质老年病管理、个性化康复护理、多学科照护体系、定制化营养膳食、多元化社交活动、创新式养老空间为其养老服务的特色，形成多元化的养老产品体系。

(三) 健康旅游运营模式示范

全国布局健康旅居模式。养生谷在全国宜居城市和旅游胜地选址，民众可依据季节、气候不同，选择在全国各地养生谷旅居度假。体验候鸟式旅居生活，随时随地享受周全健康服务。养生谷未来三年将在全国风景优美、气候宜人的地区布局超50个。全国布局健康养生旅居服务产品，打造了健康养生服务的系统化、全面化、连锁化、灵活化的模式示范。

"租购旅"多方式健康会员制模式。整合世界一流的养老养生、医疗及商业保险等资源，搭建"租、购、旅"会员服务模式，为客户提供多种灵活的方式入会选择，满足会员的多元化需求。根据客户不同需求，提供不同期限的租赁产品，办理租住后，即可获得相应的入住权，尊享会员权益。客户购买会员卡成为会员，尊享健康保险及高端医疗、健康管理、康养服务、养老旅居等会员权益。为会员提供跨地域的旅居康养生活，会员在旅居期间即可享受养生谷的健康管理及康养服务。

高精准、多维度、全龄化的健康管理模式。国际医院同步国际标准及世界顶尖技术，建立会员终身健康跟踪管理体系，进行健康教育、基因检测、风险评估、预防干预、分级诊疗、智能监控、膳食调理、心理辅导等多维度的科学生命管理。

嘉丽泽养生谷围绕全龄化，打造"颐养、长乐、康益、亲子"四大园，提供"游、学、禅、乐、情、膳、美、住、健、护"等852项设施设备、867项全方位服务，打造"一家三代两居"健康养生新生活。

产研结合、机构合作模式。嘉丽泽养生谷引入国际国内顶级的科研服务机构，打造"产研结合新模式"，为顶级的生命科学研究注入"产业转化催化剂"。通过共建产业研究院、参与国家健康标准制定等方式，在大型医疗设备研发和产业化、国家级生命科学数据库建设、慢病管理系统方案制定等领域形成强大完整的"生命科学生态圈"。

七 试点提升方案

（一）健康旅游目的地战略定位，构建合理产品体系

嘉丽泽养生谷项目的发展定位从特色小镇到运动小镇再到养生谷，投资主体几经变化，发展定位也有过几次更迭、项目在发展方向和公众认知上曾一度不清晰。2019年，项目由健康集团下属公司正式接手运营，该公司以"养生+运动+旅游"为主要定位，主导嘉丽泽养生谷发展成为宜居宜业宜游宜养的健康旅游目的地。但从项目实际运营来看，项目的居住社区属性在目前阶段仍占主导，短期内嘉丽泽养生谷的社区配套将快速成型，但项目健康旅游目的地的战略定位需要从健康和旅游属性上进一步完善提升，以有效落地支撑"健康旅游目的地"定位。从中长期来看，"健康旅游"是该区域旅游流、产业流持续交融发展的核心战略。嘉丽泽养生谷的健康旅游产品较为丰富，但产品体系层次结构不清。从该区域的发展历史和发展趋势看，运动优势是该地块的内生先发优势，养生优势是该地块的外生后发优势，健康旅游属性与项目的发展趋势非常契合。

（二）强化运动健康差异化优势，打造运动公园集群

嘉丽泽养生谷项目的体育运动优势有长期的发展积累，已在2017年被评为国家级运动小镇，而且目前云南体育运动旅游的优势项目很少，在这里体育旅游的优势更有特色和代表性。从品牌营销上看，体育运动与旅游的融合有极大的人气带动能力，能更有效地在健康旅游项目中凸显自身的独特定位和优势。我们应该将"运动健康"嘉丽泽

项目及产品体系
一特色、两核心、三基础

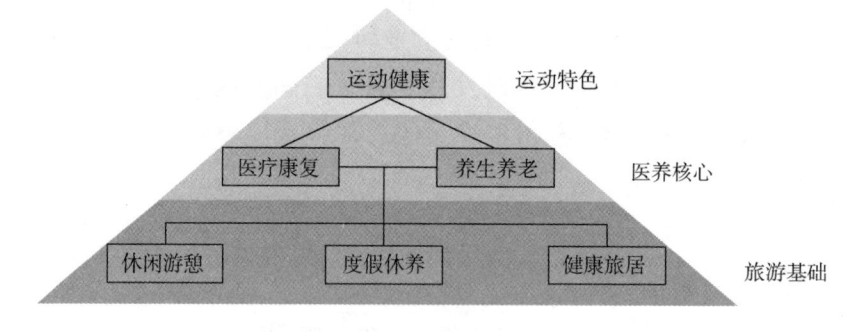

- 运动健康 —— 运动特色
- 医疗康复、养生养老 —— 医养核心
- 休闲游憩、度假休养、健康旅居 —— 旅游基础

图 6-3　产品体系图

养生谷作为差异化的营销突破口和根据地，快速取得项目占位，为未来全面综合业态的发展提供基础条件。

在积极规划落地足球运动公园、马术产业公园、极限运动公园、水上运动公园的同时，建议再打造山地户外运动公园，集齐五大运动公园集群，发挥产业集聚优势。依托云南高原极富特色的气候、生态等资源优势，打造高原运动标杆性健康旅游综合项目和高原体育赛事基地，将运动旅游的优势作为项目的主要突破口，医疗、养生、养老等其他优势产品逐步跟进完善，最终形成一个综合性的健康旅游目的地标杆。

(三) 丰富旅游产品增强吸引力，完善旅游功能

目前嘉丽泽养生谷项目以休闲游憩、度假休养为主要功能的旅游项目落地不多，需要进一步丰富适合大众的旅游产品，增强旅游吸引力，完善项目的旅游功能，将区域的人气带旺，形成稳定的旅游流。增加具有吸引力的新型旅游产品，如极限运动、研学旅游、志愿服务旅游等旅游形式；如帐篷酒店、房车酒店、农场酒店等新型住宿；如嘉年华、动物农场等亲子产品等。持续开展活动、节庆、周末活动营销，营造人气氛围。打造运动、养生与旅游融合的创新产品，如燃脂公园、中草药工作坊体验等。依托核心产品的吸引力，以核心产品的

营销为主，建立带动模式，同时考虑不同产品的区域及市场细分战略。

(四) 发展云南特色的医药健康旅游，挖掘内生独特优势

以项目本身的资源和云南本地优势为依托，找到云南医疗旅游产业的特色载体，充分挖掘云南鲜花、温泉、生物医药等自然资源以及傣医傣药、彝医彝药等民族医药资源，提炼"花疗、药疗、食疗、酒疗、泉疗、心疗"六大医药资源特色，重点针对神经衰弱人群、风湿病患者、三高人群、免疫力低下人群、内分泌失调人群，引入五感疗法、园艺疗法等，按照微度假旅游目的地形态，开发以旅游体验为主，兼顾疗养功能的花疗、药疗、食疗、酒疗、泉疗、心疗六大类医疗旅游产品体系。推进特色医院、专科疗养院、道地药材园、医药博物馆、医药商贸市场、健康管理及旅游体验驿站、中草药种植园等功能拓展，盘活疗养院资源，推动医药博物馆、医药商贸市场融入旅游项目，促进康养、养老项目与医疗融合发展，推进医疗产业与旅游产业双向融合。通过"医疗+"的发展方式，促进医疗诊治、医药种植、医药贸易、医药研发等医疗产业链与旅游业融合，拓展特色专科治疗、医药观光、医药主题会展、医药研学游等旅游相关业态；通过"旅游+"的发展方式，促进森林康养、温泉康养、民族艺术康养、体育康养等疗养类产业与各类医疗特色疗法结合，拓展森林水疗法、温泉理疗、艺术理疗、修行理疗、节庆理疗等医疗相关业态，总体形成以"医""养"为抓手的医疗旅游产业大格局。

(五) 以生态为重加强湿地保护，发展可持续健康旅游

嘉丽泽养生谷项目位于湿地及森林资源集中的区域，生态保护应该在区域健康旅游开发和运营中被摆在重要位置，以确保项目不触红线，实现项目区域的可持续发展。具体说，应增强牛栏江水环境净化功能，降低污染负荷，拦截泥沙，改善近岸水域水质。湿地系统的建设将有效净化河水，去除有机物及 N、P 等营养物质，大大减少污染物，从而改善水环境质量。修复已破坏的河口区鸟类、鱼类环境，重

建其良性生态系统，对已遭破坏的湿地环境进行修复，大面积增加水生、湿生植物，增加绿地面积，建立合理、完善的湿地生态群落结构，增加生物多样性，使嘉丽泽湿地生态系统步入良性循环。改善周围景观效果，促进当地经济的发展。项目的实施不仅会改善水环境质量，还可以提升周围景观价值，提高周边土地的价值，促进经济的发展。

第三节　养老宜居试点
——古滇名城

一　试点建设情况

（一）试点背景

2016年，中共中央、国务院印发了《"健康中国2030"规划纲要》，将"健康中国"上升为国家战略，要求全国各级党委和政府把健康产业摆在优先发展的战略地位，牢固树立"大健康"观念，加快发展健康产业，推动健康领域基本公共服务均等化，为广大人民群众提供公平可及、系统连续的健康服务，加快实现"共建共享、全民健康"。昆明是享誉全球的"春城"，是中国面向南亚、东南亚开放的门户，环境优势、资源优势和区位优势突出，具备发展健康旅游和建设健康旅游示范区的各种条件。

2016年12月，昆明市人民政府正式发布《昆明市大健康发展规划（2016—2025年）》，明确提出昆明要全力打造生命科学创新中心、健康产品制造中心、候鸟式养生养老中心、适度高原健体运动中心、民族健康文化中心、高端医疗服务中心"六个中心"，把昆明打造成具有国际影响力的中国健康之城。本规划立足于"健康+旅游"视角，是对昆明健康旅游的发展规划。目前，昆明大健康产业已取得阶段性成果，先后获国家发改委正式复函支持，并在全国率先建立大健康产业统计制度，"四预四医"健康服务体系不断完善，国家植物博物馆选址落户茨坝片区，并成功举办大健康国际论坛。2018年，昆明市大健康产业增长达到 10%。健康旅游总体可以分为医疗旅游、养生旅游和健身旅游三个大类，养老旅游是养生旅游大类的重要组成部分，也是云南省和昆明市健康旅游供给体系的重要组成部分。因此有必要利用昆明作为省会城市得天独厚的资源和经济文化优势，依托大项目试点养老宜居的健康旅游发展模式，为云南打造全域健康旅游目的地提供示范和标杆。

（二）选点依据

选择七彩云南·古滇名城作为健康养老旅游目的地试点，主要是基于该项目鲜明的养老宜居特色，该项目采取全域无障碍设计的理念，积极响应国家"健康中国"战略，努力推进云南养生养老产业的发展，依托"五百里滇池"、1.6 万亩丰盛文化旅游配套，为全国中老年朋友打造了占地 3800 亩，集多功能、生态化于一体的安老养生福地——滇池国

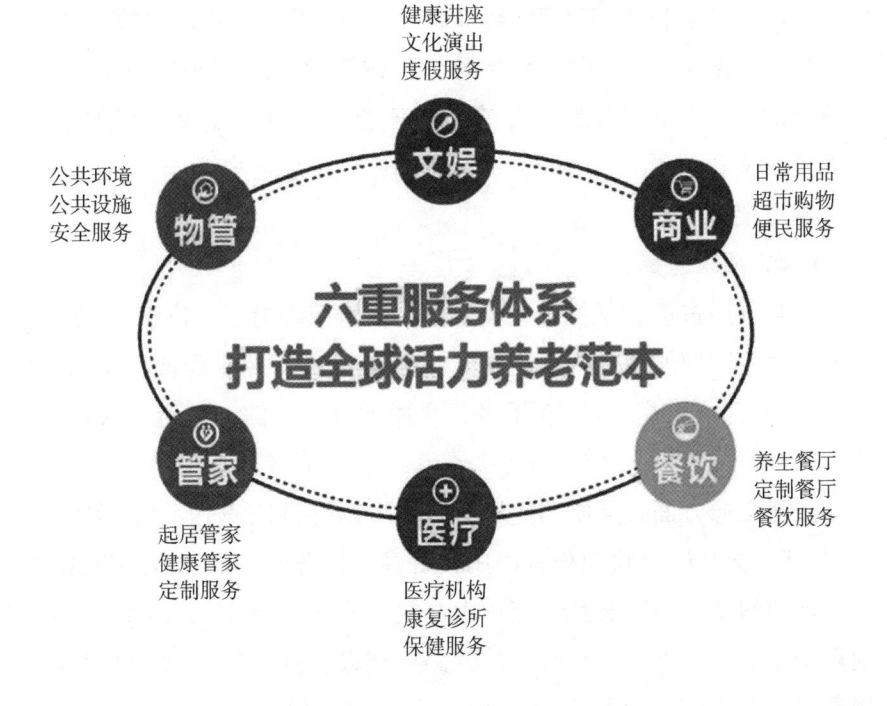

图 6-4　六大养老服务体系

际养生养老度假区，打造满足现代老人需求的健康、田园安老养生社区，首创"居家健康活力养老"的新模式，秉承"奉若父母，情同亲生"的服务理念，量身定制"文娱、医疗、商业、餐饮、管家、物管"六重服务体系，将这里建成一个具有国际化运营服务水平，面向全球的养生养老示范区。

二　项目建设基础

（一）项目概述

2000多年前，滇池湖畔的先民创造了古老神秘、灿烂辉煌的古滇文明。随着时间的流逝，古滇文明渐渐湮没在历史的长河中，留下了一个千载难解之谜。1956年随着项目西南三公里处"滇王之印"的出土，这段尘封千年的历史被考古工作者发掘出来，古滇文化遗址出土的数以万计青铜器，以其丰富的历史文化信息震惊中外，被国际学术界誉为世界四大青铜文明体系之一。掀开历史的面纱，让神秘的古滇文化从沉睡中醒来，对于打开云南历史文化资源宝库、推进云南文化旅游产业发展、丰富中国古代文化史乃至世界文明史都有着重要意义。

（二）地理区位

七彩云南古滇名城位于上风上水的滇池东南沿岸，位于2000多年前的古滇王国都城遗址内，距离昆明主城区35千米，距离长水国际机场70千米，距离高铁站10千米，交通便捷，陆路、轨道、水路交通体系俱全。

陆路交通方面：从昆明主城区自驾可沿环湖路直达，自2016年7月11日公交K31已全面投入使用，游客可从海埂大坝直达本项目；正在规划中的富有双向交互立交、南北快线及《"十三五"综合交通规划》中对老昆洛路、古滇路、快速路的建设，截至2020年，项目陆路将高效联通，充分导流。

轨道交通方面：年底投入运营的昆明高铁站位于本项目东北方向，

10分钟车程即可到达,作为"八入滇四出境"的泛亚高铁也将成为昆明通达东南亚的核心轨道交通;而地铁9号线一旦建成,将直接连接项目与高铁及机场两大交通枢纽。另外,根据"十三五"规划,滇池海岸将会建设四个码头,分别是斗南码头、呈贡新城码头、海晏码头、滇海古渡大码头,能够提供泊位共175个,从而实现通航连线,游客可乘船直达古滇。

(三) 开发主体

昆明诺仕达企业(集团)有限公司创立于1992年6月6日,是诞生于中国改革开放大潮中的民营企业。历经20多年发展,已发展成为股份制的现代大型跨国企业集团,集团现经营业务涉及餐饮、娱乐、养身、国际酒店、零售商业、翡翠珠宝、茶产业、殡葬园林、房地产开发、商业地产运营、旅游的十一大产业。旗下拥有"七彩云南""庆沣祥""南亚风情园""怡心园""南亚风情·第壹城""七彩云南·第壹城""七彩云南·古滇文化旅游名城""金宝山"等多个知名品牌,并与"麦当劳"、温德姆集团"豪廷""豪生"等知名国际品牌合作。形成了良性的资产结构、人才结构,以及集团化、集约化、规模化、规范化的竞争优势,潜力巨大,前景广阔,多次受到国家及云南省委、省政府表彰,是云南省重点保护非公有制企业,连续多年被银行系统评为"AAA"级信誉单位。

诺仕达集团的产业发展,始终依托云南文化,和现代产业发展相融合,力图将云南的资源优势转化为产业优势,打造根植于云南的产业品牌。整合集团资源优势,将文化和旅游相融合,打造完整的旅游产业链,是诺仕达集团多年来不懈的坚持和追求。为了加强旅游资源整合,诺仕达集团着力打造旅游产业链,布局云南全省,全力构建涵盖"吃、住、行、游、购、娱"六大要素,包括旅游休闲度假综合体、旅游交通、旅游商品开发、电子商务、旅行社运营平台的旅游产业链条。诺仕达集团将把旅游产业作为未来发展的重点方向,为建设云南旅游强省贡献积极力量。

(四) 项目进度

古滇艺海大码头、古滇湿地公园、景观服务基地、一横四纵市政道路、环湖路景观提升改造、七彩迎宾大道、东中西三座大型文化景观牌坊、临时配套商业服务区八个子项目，已按既定计划完成建设任务，并于2015年11月15日正式对外开放并投入使用。游客服务中心、樱花谷、爱心广场、森林公园已完成建设，于2016年3月8日对外开放并投入使用。滇王林苑于2017年完成主体及外装工程、景观工程；温泉山庄于2017年4月建成并投入运营。养老商业小镇、老年大学、康复疗养医院、养老公寓于2017年7月建成投入使用。七彩云南欢乐世界主题公园、皇冠假日酒店于2018年6月建成投入运营；古滇大剧院、古滇王宴美食广场、万怡酒店于2018年底建成投入使用；古滇民族部落、七彩云南购物广场、洲际酒店于2019年底建成投入使用。幸福里回迁安置区及配套中小学和幼儿园项目已与幸福里回迁安置区同步建成，并已于2016年8月31日同步移交晋宁县教育局。

三 项目发展定位

(一) 发展思路

由于缺乏大项目的支撑，昆明许多旅游项目功能结构单一，只有观光功能，留不下客人。由过去的旅游"目的地"，到后来的旅游"聚散地"，现在成了旅游"过境地"，古滇项目的建成将彻底改变过去昆明旅游市场、产品、产业的窘态。项目占地约1.6万亩，以五个一为定位：一个国家AAAAA级生态文明旅游示范景区；一个文化旅游设施设备完善的旅游度假区；一个充分展示云南多民族文化、体现民族团结的古镇；一个集"健康养老"和"旅游休闲"于一体的国际高端养生养老度假区；一个低碳、绿色宜居的现代新城。本项目解决了白天的观光旅游和晚上休闲消费的问题，完善"吃住行游娱购""商养学闲趣情"新老旅游六要素，成为新的云南旅游目的地，从而实现昆明旅游产业转型升级、加快世界知名旅游城市建设。

(二) 总体定位

建设集"健康生活目的地打造、文化旅游、休闲度假、生态环境示范、养生养老产业、宜居社区建设、城乡统筹发展"于一体的超大型"大健康产业+国际旅游休闲目的地"的城市综合体，定位为"四个一"，即打造"一个国家生态旅游示范区、一个国际养生养老度假区、一个集中展示云南民族团结进步示范区的窗口、一个世界级的健康生活目的地"。

(三) 功能定位

再现云南古滇文化，打造以古滇历史文化、青铜文化为核心和灵魂的古滇文化核心区；彰显云南少数民族风情，打造以云南民族、民俗、民居文化为依托的文化展示区；实现山水自然生态和谐发展，打造以滇池水生态修复与保护、水环境重构与保护、水生态文明构建与发展的生态景观示范区；融合现代旅游特征，提供设施设备完善的现代旅游服务配套区；以养老、养生、观光、休闲、度假、避暑避寒为主要内容，打造集"健康养老"和"旅游休闲"于一体的七彩云南·滇池国际养生养老度假区；以古滇历史文化、云南民族文化、云南地域文化为主题，以云南特有的标志性自然景观和人文景观为核心要素，打造具有丰富展示性、表演性、互动性内容的"七彩云南·欢乐世界"主题公园；推动新型城镇化建设及城乡统筹发展，打造标杆性民生示范工程区；构建便捷低碳、绿色生态、山水宜居新城，打造高原内陆滨湖现代新昆明南城核心区。

四 项目规划布局

(一) 总体布局

规划区中部经六路与经九路中间区域，打造具有文化载体性质的中央公园，贯穿南北，形成生活服务主轴，以居住社区服务为主。以"国立艺专"为中心，打造东西向的生活服务次轴，以基层社区服务为主。总体形成"一主一次、两心四区"的规划结构。

（二）业态及功能分区

一主：南北向的主轴线。以居住社区服务为主，形成生活服务主轴。

一次：东西向的次轴线。以基层社区服务为主，形成生活服务次轴。

两心：依托"国立艺专"打造文创中心；依托"轻轨站"打造商业中心。

四区：艺术文化创意区、中央公园活力区、康体养生花园区、绿色宜居生活区。艺术文化创意区以文化产业、文化艺术、创意办公为主；中央公园活力区为集休闲、娱乐、文创、康养于一体的绿色综合体；康体养生花园区以康养度假、休闲养生为主；绿色宜居生活区以生态居住为主。

（三）项目分布

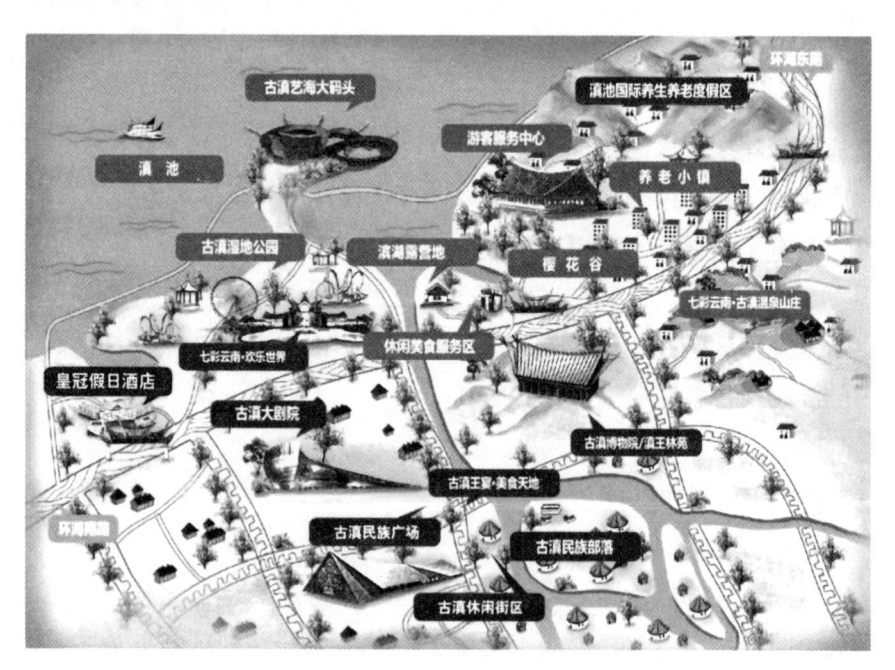

图6-5 项目分布示意图

五　项目产品体系

(一) 古滇文化核心区

再现云南古滇文化，打造以古滇历史文化、古滇青铜文化为核心、为灵魂的古滇文化核心区。主要建设项目有古滇博物院、滇王林苑、古滇艺海大码头，其中古滇博物院包括青铜艺术展陈馆、梦回古滇4D等。

(二) 民族、民俗文化展示区

彰显云南少数民族风情，打造以云南民族、民俗、民居文化为依托的民族、民俗文化展示区，主要建设项目有民族史诗广场、民族部落。

(三) 温泉度假区

七彩云南·温泉旅游度假区以古滇传奇文化、云南民族风情文化和生态温泉旅游度假为核心内容，融入"天人合一"的总体思想，树立西南地区温泉旅游新标杆，打造昆明生态旅游金名片。同时依托"七彩云南·古滇名城"项目的大资源配套，打造集温泉沐浴、休闲度假、健康养生、文化体验于一体的全新温泉开发模式，将其建设成为西南首席"古滇文化旅游精品温泉"。古滇温泉山庄总建筑面积17360.4平方米，温泉水采自地下2500米云南矿物地热水，拥有温泉57处、73眼、36间汤屋，共有108个泡池，每个泡池各有特色和功用，既融合了古滇文化元素，又能配比不同的中药针对不同的游客。整个古滇温泉山庄由"古滇秘境区""云香花径区""茶韵禅心区""琼台玉醍区""桃源仙境区""七彩云南区""滇云印象区"七大主题区域构成。

(四) 生态景观示范区

实现山水自然生态发展，打造以滇池水生态修复与保护、水重构与保护、水生态文明构建与发展的生态景观示范区。主要建设项目有湿地公园、长腰山生态体验区、七彩云南·古滇温泉山庄。

(五) 现代旅游服务配套区

融合现代旅游特征，提供设施设备完善的现代旅游服务配套区。

主要建设项目有古滇大剧院、古滇王宴美食天地、七彩云南购物广场、国际酒店等。

古滇大剧院。古滇大剧院总占地面积120.32亩，专为"七彩云南·超级激光歌舞秀"旅游晚会量身打造，该晚会是融合了古滇文化元素、民族民俗文化元素、现代高科技演绎手段为一体的大型民族秀场。借助世界最先进的声光电舞台艺术，表现云南神秘消失2000多年的古滇历史、独特且神奇的云南少数民族民俗风情，具有强烈的民族性和地域性，可同时容纳3000余人观看。大剧院整体造型形似一只翘首展姿的孔雀，20000多平方米可登顶游览的连续绿化屋顶，一年四季种植鲜花，延伸至民族史诗广场，形似斑斓壮丽的孔雀展翼，是花的海洋，是人间仙境。项目作为云南古滇文化的集中展示载体及云南多民族文化与中原文化、东南亚文化甚至西方文化的重要交流平台，将极大地提升云南的区域形象和世界旅游目的地的魅力。

（六）七彩云南·滇池国际养生养老度假区

以"情同父母，奉若亲生"的服务理念，打造面向国际化养老养生基地，打造多种开发模式融合的养老产业示范区，打造国际化运营服务水平的养老养生示范工程。主要建设项目有滇池国际养生养老度假区养老小镇。

养老小镇。项目包括滇池康悦医院、滇池康悦护理院、滇池老年大学、超市、开心果园、滇菜餐厅怡心园、素食餐厅素月斋、药膳养生餐厅食合轩、美食广场、庆沣祥茶庄、七彩云南翡翠珠宝、烘焙坊、花店、棋牌室、KTV等多种商业业态。项目于2017年7月21日运营，公司现有员工600余人，由专业运营管理团队、医疗专家、护理人员、公寓服务人员组成，秉承"奉若父母，情同亲生"的服务理念，打造国际化运营服务水平的养老养生示范工程，为国内外的长者朋友提供包括健康养生、活力养老、失能康复和安宁关怀全产业链的养生养老服务。

（七）"七彩云南·欢乐世界"主题乐园

丰富古滇的游乐性，提升各年龄客群的深度参与体验感，打造古滇特色的"七彩云南·欢乐世界"主题乐园。

"七彩云南·欢乐世界"主题乐园规划用地面积约590亩，以古滇文化、民族文化和地域文化的独特性为出发点，依托云南丰富的自然山水资源、旖旎多姿的民族文化资源，凭借高科技的多媒体互动和惊险体验，致力于服务全国乃至东南亚的各年龄段客群，打造一个中国一流，可与珠海长隆海洋公园等主题公园相媲美的主题乐园。该项目由国际知名主题乐园设计团队"新道信"公司担纲设计，游乐项目数量多达46项，其中超大型设备4项，采购了国际一线过山车知名厂商德国MACK、瑞士B&M公司和美国S&S公司设计生产的两台1000米以上轨道长度的过山车、一台"超级激流勇进"设备和一台超高太空梭。同时针对喜爱刺激的青少年客群，项目内还规划有环幕影院、高空摇摆塔、矿山车、大摆锤等十余项大型设备；另外针对家庭和儿童客群，除项目内规划的古滇特技剧场、民族剧场、旋转木马、儿童游戏屋、转转杯、四面青蛙跳等三十余项游乐设备外，还打造了一座5000平方米的室内家庭娱乐中心，可不受天气变化影响，尽情畅玩。

（八）民生工程示范区

推动流域新型城镇化建设及城乡统筹发展，打造标杆性民生示范工程。主要建设项目有三合小区回迁安置社区以及配套的中学、小学、幼儿园。构建便捷低碳、绿色生态、山水宜居新城，打造高原内陆滨湖现代新昆明南城核心区。主要建设项目有南城大型商业商务中心、综合医院、学校、基础设施及公共配套服务设施建设（见表6-1）。

表6-1　　　　　　古滇名城养老示范区项目策划一览表

功能区	项目	子项目（活动）
古滇国滨水休闲片区	古滇国码头	古滇国码头、滇池画舫、滇人竞渡活动
	古滇国花园	古滇国花园、湿地公园
古滇国休闲运动片区	生态运动俱乐部	生态运动场、俱乐部会所、旅游地产
	游艇俱乐部	俱乐部会所、游艇会奢华酒店

续表

功能区	项目	子项目（活动）
古滇王宫度假片区	古滇国王宫博物馆	游客中心、七彩云南旅游购物综合体项目
	古滇国大剧院	滇人祭祀活动、滇人斗牛活动、军事演练活动
	古滇国精品度假酒店	精品度假酒店、滇王乐舞坊、滇王御膳坊、滇王御浴池、滇王御花园
古滇国市井体验旅游区	滇人部落集市	滇国内市、外市；青铜器作坊等八大作坊组成的商业地产项目
古滇国置业旅游片区	古滇国商业中心	艺术品拍卖中心、贵金属交易中心、时尚购物街、特色美食街、娱乐休闲街

六 项目实施措施

（一）土地利用

依据《风景名胜区规划规范》（GB 50298—1999）的用地分类标准，结合古滇名城的开发需要，旅游区用地类型可划分为以下几类。

a. 甲类：游览设施用地——旅游点建设用地、游娱文体用地、购物商贸用地、其他游览设施用地。

b. 乙类：管理设施用地——管理机构用地、科技教育用地、管理人员住宿设施用地等。

c. 丙类：交通与工程用地——对外交通通信用地、内部交通通信用地、工程设施用地、环境工程用地和其他工程用地等。

d. 丁类：自然景观用地——山地、林木等。

e. 已类：水域——湖泊、湿地、河流和其他水域用地等。

f. 发展滞留用地：未利用地和其他滞留用地等。

利用原则：

a. 因地制宜合理调整土地利用。根据旅游区发展需要，发展符合旅游区特征的土地利用方式和结构。

b. 满足旅游接待设施建设需求。突出旅游区的土地利用的重点和特点，充分利用建设用地。

c. 保护旅游区的资源和环境。土地利用以保护自然生态环境为前提，促进资源的保护和旅游业的发展。

（二）公共服务配套

给水设施工程：旅游区给水以满足旅游发展为目标。按照AAAAA级旅游景区的标准要求，合理布局水源点，配置取水、输水、净水、配水等给水系统要素，优化完善供水系统，建立安全、合理、经济的给水系统。

排水设施工程：旅游区排水以适应旅游发展为目标。根据各旅游区的条件，合理确定排水体制；积极治理生产生活污水，最大限度地减少水体的污染；综合考虑污水系统布局，建立旅游区污水处理装置，集中处理旅游区产生的污水。

电力工程：电力以保障旅游区电力需要为目标。电力工程设施建设需要一定的前瞻性，在供电能力方面留有余地；配套完善各旅游区供电系统，尤其是新建功能区电网系统，要加强电力系统的可靠性；电力设施建设应与旅游区环境相协调，在确保电力设施安全可靠的基础上又美观适用。

电信工程：电信通信建设以满足旅游区发展需要为目标。按照"统一规划、统一建设、邮电专用"原则，不断提高通信能力和技术水平；综合协调邮电通信设施与其他设施建设，避免其他设施对通信网络的干扰，保证通信线路安全畅通。

（三）旅游设施及服务系统

交通标志系统：从游客需要角度出发。在旅游区道路两侧设置明晰的导示标识及说明，游客服务中心以及进入旅游区的主要入口处设置大型的导游图，可采用平面图、鸟瞰图、简介文字等表现形式，也可采用手绘的卡通图片，标明功能分区。

游客服务中心（站）：在游客服务中心放置各式各样的宣传手册、印刷品，其中包括旅游区的宣传手册、功能分区介绍手册、项目介绍手册、文化介绍手册等。同时在服务中心内进行多方位展示、多媒体播放、服务人员讲解等。在每个主要的功能分区入口处设置游客服务站,全面介绍整个功能分区的旅游产品、服务设施等。

接待设施系统:该系统包括客房、餐饮、娱乐、购物等场所的介绍,各类接待设施应根据行业标准采用统一规范的公共信息图形符号。将"小心路滑"等标语贴于相应位置告知旅客,附设设施的使用方法、位置等配置说明。

七　项目示范意义

"七彩云南·古滇名城"的建设,将成为昆明市乃至云南省的健康养老旅居标杆项目,在经济社会改善、民生改善以及生态环境提升、保护方面发挥出巨大的示范性作用。

(一)养老宜居带动发展示范项目

"七彩云南·古滇名城"项目内旅游产业、文化产业、生态产业、养老养生产业、娱乐购物、休闲度假等多种产业共生共存,形成延伸乡村生产基地和旅游区消费基地的城乡产业上下游统筹发展格局,进一步推进新型城镇化进程,使生产方式、生活方式、产业结构发生转变,人居环境、医疗条件、教育水平和社会保障等方面获得显著改善与提升。实现政府赢、百姓赢、企业赢、社会赢的四赢局面,实现农民转变成城市居民、村寨转变成城镇、传统农业转变成现代经营服务业的三个转变。项目全面投入运营后,预计日均接待旅游人数超过3万人,月营业额近18亿元,年收入超过200亿元,到2025年将带动国民经济增长600多亿元。项目建设过程中、建成投入运营后将创造30000—50000个直接就业岗位,极大地推动昆明南城的发展速度。

(二)产业转型引领发展示范项目

"七彩云南·古滇名城"项目充分开发挖掘了古滇文化,同时保护修复滇池山水,塑造以古滇文明、古滇历史、古滇文化产业为代表的古滇品牌,和以滇池湿地观光、生态度假为代表的环滇池生态景观品牌,转变流域内传统的经济产业、产品结构,整合国际国内多元化需求的复合生态旅游产品体系，积极发展休闲度假旅游产品，通过"生态旅游新业态引入和建设——构建南亚、东南亚区域旅游一体化"战略，凸显了在环滇池旅游产业转型发展中的战略引领、旅游引擎、服务集散、交通辐射带动等作用和功能，打造一个综合型的南亚、东南亚辐射中心、国际一流旅游目的地。

(三) 绿色可持续发展示范项目

"七彩云南·古滇名城"项目严格执行滇池保护条例相关规定，遵循生态发展及绿色可持续开发的规律，秉承生态优先、保护为主，平衡发展与保护关系的理念，通过水环境治理工程、水生态保护工程、水文化开发工程，有效利用环湖路排污干渠及建成的淤泥河污水处理厂，进行环湖截污及入湖河道整治、农村农业面源污染治理、生态修复及建设、生态清淤，引入水净化处理、湿地修复、河道治理、水体清淤等一系列水生态恢复处理技术，确保零污染、零排放，决不让一滴污水进入滇池，以高附加值无污染的旅游、商贸、休闲度假、文化观光、生态游憩等产业形式替代原来的传统农业生产，极大地促进滇池治理模式的更新换代，实现区域内绿色发展、循环发展、低碳发展的良好局面。

(四) 城市品位融合提升示范项目

"七彩云南·古滇名城"项目的建设是迅速贯彻云南省委、省政府重大决策部署的具体行动，是旅游与文化融合发展的生动实践，是推动云南旅游二次创业的重要举措，符合现代新昆明建设的本质要求，对推动全省经济社会科学发展、和谐发展、跨越发展，具有十分重要的意义。"七彩云南·古滇文化旅游名城"项目建成后，将有助于进一步挖掘昆明市的历史文化内涵，增加昆明市的历史文化魅力；将有助于带动昆明市旅游重大项目建设；将有助于促进现代新昆明建设，带动昆明一湖四片中南片区的发展，形成旅游景区、旅游度假区和现代新城区的融合发展，将该区域打造成昆明市城市建设的新亮点，进一步提升昆明市的城市形象。

八 试点提升方案

（一）借鉴国际养老旅游经验

项目所在地位于四季如春的昆明市呈贡区滇池东南岸，拥有良好的环境资源——1100亩湿地公园。目前昆明"古滇王国"的重心偏向于养老公寓、养老院、养老社区等养老度假区打造，在养生旅游上没有做更多的挖掘。在项目建设过程中应当突出养老旅游这一特色，借鉴国际养老旅游发展的成功经验，将该项目建设成为国内领先的养老度假区。养老旅游发源于西方发达国家，发展迅速，有一些很好的经验可供借鉴。①发挥政府的保障和引导作用。基于养老的公益本质属性，在发展养老事业过程中，政府一开始就要积极发挥引导作用，将其纳入社会管理和公共事务管理的范畴，制定完善的养老法律和服务标准，既保障老年人的养老资金来源（国家养老金制度、自身积蓄和其他财产性收入、社会捐赠和救助），又保障养老服务的质量。例如，欧盟推出的老年人福利旅游计划，主要补助老年人在旅游淡季的时候到指定旅游场所进行消费；法国政府为符合条件的老年人提供"度假支票"服务，即老年人自己只需要支付支票总价的20%—50%，便能在两年内赴旅游合作点度假。从国外的经验来看，政府制定养老的法律和服务标准是开展养老旅游活动的前提，政府出台养老旅游支持政策是为更好地提升养老服务质量和服务水平，以进一步保障和维护老年人的权益。②充分考虑老年人的全方位需求。综合来看，老年人的需求主要包括四个方面，经济提供、生活照顾、医疗护理和精神慰藉。各国在接收异地养老旅游人群时，针对老年人的需求会提供一系列的特殊福利、娱乐和便利设施、医疗服务等。例如，汉堡奥古斯汀五星养老酒店通过配套建设各种生活服务设施、医疗设施，提供丰富的文娱活动，为老年人创造了一个美好的人文关怀和优质服务的场所；巴拿马针对外籍退休人士，制订了无最低年龄要求的退休福利计划，参加该计划的退休人士可在巴拿马的任何专业服务场所享受八折优惠，医院和私人诊所则可享受八五折优惠。从国外的经验来看，优美的风景、舒适的气候以及较低的生活成本是吸引老年人前来度假养老的基本条件，而充分对接老年人的各种需求，并将其体现在功能设施配套上，为老年人的生活营造出一种轻松、闲适的度假氛围则是不可或缺的条件。③应用现代信息化技术。现代信息技术的发展，给加强老年人的监护和提升养老旅游服务质量带来了希望。例如，日本注重对养老服务设施进行高科技武装，有"离床感应器"、自动感应式马桶、"动作探知感应设施"、宠物机器人、远程医疗诊断等，极大地方便了老年人的旅游生活。从国外的经验来看，智能化系统介入养老服务大产业领域，为老年人的旅游生活带来了便捷、高质量的服务。

（二）完善养生养老产品供给

进一步丰富养老旅游类型，构建完整的养老旅游产业链，在养生旅游项目的打造上也应该有所创新。根据本团队编制的《昆明健康旅游示范区发展规划2020—2030》，可开发以下养生养老项目，丰富和完善现有产品体系。①生命主题公园。生命主题公园是一个集探索生命、保护生态、生命体验等功能于一体的养生科普公园，包括生物进化走廊、生命之光乐园、生命健康馆、地狱花园等项目；②花食养生庄园。花食养生庄园是一个以养花、做花、食花为功能的花卉养生庄园，其中有花卉体验馆、花养客栈、花食餐厅、花茶饮吧、食花闻语等项目；③候鸟旅居小镇。候鸟旅居小镇是一个集休闲度假、娱乐学习、享受生活于一体的旅居养生小镇，有候鸟客栈、颐乐学园、健康方舟、共享田园等项目；④民族温泉庄园。民族温泉庄园是集云南各个民族特色温泉体验于一体的温泉体验庄园，包含藏浴、傣浴、苗浴、瑶浴等特色民族温泉项目；⑤摩登乡野集市。摩登乡野集市是一个集商品交换、美食品尝、文化娱乐等功能于一体的乡村养生集市，有跳蚤市场、摩登营地、翻滚乐园、虚度时光广场等项目。

（三）打造智慧医疗养老社区

以"智慧养老"为切入点，通过互联网、物联网、云计算、大数据与养老服务相结合，提供养老旅游咨询、紧急救助、商品购买、健康管理、就医等服务。同时为机构养老、社区养老、居家养老等提供高效的管理及多样化服务，促进养老旅游业的快速发展。①建立景区养老旅游网络服务平台。针对养老旅游者建设养老旅游网络服务平台，通过加入全国异地养老网络公益工程，加快推进景区养老旅游基础数据库和网上服务平台建设，构建集远程健康咨询、养老旅游咨询服务、养老旅游营销宣传等于一体的信息网络平台。②建立以智能可穿戴设备为基础的智慧养老平台。主要针对疗养型养老旅游者，整合线下的医疗健康机构、文化娱乐机构、生活服务机构等，通过可穿戴智能设备的C端连接老年人，为养老旅游者提供定位跟踪、紧急呼叫、日常生活照料服务等。③建立以居家养老服务为基础的O2O网络平台。以养老旅游者的居家养老服务为出发点，通过对老年人日常生活的消费习惯的了解，构建线上销售，线下居家服务的电商O2O模式。④建立医疗服务O2O网络平台。针对异地养老旅游者的医疗需求，推进线下医疗、医药服务体系与线上互联网、移动互联网平台相结合，加快构建集远程医疗会诊、远程健康咨询、医疗预约服务于一体的信息网络，和数据开发、接入开放等多功能的信息平台。

（四）创新拓展旅游营销手段

目前养生与旅游已经被大众认可和接受，但是"旅游+养生"对于很多人而言却是一个新概念。因此，养生旅游市场的开发首先需要加大对养生旅游概念的宣传，要让人们意识到"养生+旅游"一举两得的作用。旅游既是一种娱乐，也是一种健康投资，养生文化发展的同时可以带动温泉、民俗、体育等诸多相关产业的发展。养老旅游营销要根据老年人特殊需求，完善信息传播渠道，打造消费亮点，坚持"分清重点，找到亮点，口耳相传"营销原则制定并实施营销策略。养老旅游营销方式主要应该采取口碑营销、健康营销、节庆营销、怀旧营销、重点客源地营销和创意营销等。

第四节 特色产业试点
——斗南花卉

一 试点建设情况

选择斗南花卉小镇作为休闲养生旅游目的地试点，主要是基于昆明市委、市政府提出的"把斗南建成集花卉交易、物流、研发、培训、旅游等于一体的花卉产业总部园区、打造亚洲花都的发展目标"。如今，斗南已经形成相对完善的产业配套和企业集群发展格局，每年接待花卉市场参观、旅游的国内外游客超百万人，人流量居全国花卉市场之首，已具备了良好的产业属性和旅游属性，具备建设成为世界第一的花卉交易中心、国家 AAAAA 级景区、亚洲第一的花卉产业园和中国第一花卉特色小镇的坚实基础。本次试点合作立足花卉产业，通过丰富花卉健康旅游业态，完善健康旅游设施，配备康养人才团队多措并举，全面提升斗南花卉小镇的产业康养旅游功能。

二 项目建设基础

(一) 概述

斗南花卉小镇位于昆明呈贡新区北部、昆明主城与呈贡新区之间，依托自身独特的花卉产业优势和多业态的文化旅游资源，2017 年成功入围云南全国一流特色小镇创建名单，2018 年入选最美特色小镇 50 强。从 1983 年卖出第一支花到现在，斗南已发展为全国唯一的国家级花卉市场、亚洲最大的鲜切花交易市场，聚集了以昆明国际花卉拍卖交易中心有限公司、昆明斗南国际花卉产业园区开发有限公司为代表的 2000 多家花卉经营和物流等企业。云南省提出加快特色小镇发展的实施意见，昆明市政府明确由云南省花卉产业发展公司作为开发主体，围绕以交易为核心，以交易加研发和交易加配套服务为两翼，全力推进斗南花卉特色小镇建设工作，小镇规划面积约 3.62 平方千米，其中建筑面积为 2.19 平方千米（核心建设区约 1.43 平方千米），计划总投资约 53 亿元。昆明斗南花卉小镇以花卉产业为核心，辅助布局文化旅游业，建设内容包括小镇会客厅、鲜花精品馆、苗木盆景交易市场等产业服务设施，斗南湿地公园、实验花田、花田运动区等生态景观工程，原住民安置与社区改造提升项目，以及配套的基础设施和公共服务设施。目前斗南花市现在也已成为国家 AAA 级旅游景区，成为旅游者梦想的特色旅游目的地，昆明新的旅游名片。

（二）地理区位

云南地处南亚、东南亚核心区域，得天独厚的地理条件及气候、优越的自然环境，是全球最适合花卉种植的三大地区之一。云南省省会昆明是我国的"春城"，四季如春，也是我国通向东南亚、南亚的大门，同时也由于其国家历史文化名城的称号带动了旅游、商业的发展，成为西南部地区重要的中心城市之一。紧紧抓住国家"一带一路"倡议和昆明建设立足西南、面向全国、辐射南亚、东南亚的区域性国际中心城市的战略机遇，实现旅游产业跨越发展，推进旅游强市建设，2016 年 8 月初，昆明市委办公厅印发的《中共昆明市委昆明市人民政府关于加快旅游产业发展、建设旅游强市的实施意见》提出打造"一心一圈三片五廊"的"1135"旅游发展格局。斗南花卉小镇位于昆明市中心城区中部的滇池东岸，东邻龙城镇、吴家营乡，东北接洛羊镇，南与大渔乡接壤，北与昆明市官渡区毗邻，斗南花卉项目坐落在昆明主城和呈贡新城之间，位居双城中心，城市轻轨 1 号线和 4 号线穿其而过，彩云北路、环湖东路、昆玉高速连接外运通道，接通昆明长水国际机场，交通优势明显。斗南作为"一心"的重要组成部分和六区之一，将建立斗南花卉主题休闲体验区，成为全市旅游的服务中心、全域旅游体验中心、都市时尚区和历史文化的展示窗口。同时，斗南花卉产业园区位于"一圈"即环滇池生态文化旅游圈内，该区域重点发展主题娱乐、休闲度假和会展商务旅游，是昆明生态文明新窗口、综合旅游新地标的承载区域。斗南花卉项目作为呈贡地区的重点项目，独享气候、区位、品牌、行业、政策、基础设施等众多优势。

（三）环境条件

斗南花卉小镇所处的昆明坝区属低纬高原山地季风气候，跨越了北纬亚热带和中亚热带，山地为南温带气候。年平均气温为15.1℃，最热月平均气温19.7℃，最冷月平均气温7.6℃。斗南花卉小镇海拔在1886.5—2100米，年降雨量900—1000毫米，全年无霜期320天，年均日照时数2232.5小时，年平均降水量801.2毫米，相对湿度73%，且降雪年份极少。昼夜温差平均在15℃以上，昼温夜凉的气候有利于农作物的养分积累，有助于作物生长。土地肥沃，温湿度适宜，日照长，霜冻期短，能见度好，鲜花常年不凋谢，植被四季常青。

（四）产业条件

斗南濒临滇池东岸，它是中国鲜切花产业起步的地方，斗南花卉是中国第一个花卉类驰名商标，是中国花卉产业的龙头。经过30多年的发展，斗南现已发展成为"中国乃至亚洲最大的鲜切花交易市场"，云南省80%以上的鲜切花是与周边省份、周边国家进行交易的。斗南花卉占全国70%的花卉市场份额，出口46个国家和地区，连续20年交易量、交易额稳居全国第一，已成为中国花卉当之无愧的"花都"，是中国花卉乃至亚洲花卉走向世界的窗口与平台。曾有上百位政要莅临斗南考察，国内外数以千计的花卉界高管来此观摩交流，每年有数百万人次的游客汇聚于此。

昆明斗南花卉交易市场作为国际性的花卉交易市场和集散地，多年来，形成了花卉交易种植资材、包装等配套完善的花卉产业链，奠定了产业集群发展的雄厚基础，围绕斗南花卉市场，云集了上千家花卉企业、6000多位花卉经纪人，加上从事花卉经营、资材、籽种、花艺、包装、餐饮等行业的公司和个体经营户，斗南已经初步形成相对完善的产业配套和企业集群发展格局。

近年来，为顺应云南省政府将花卉产业确定为新兴支柱产业的战略举措，围绕昆明市委、市政府提出的把斗南建成集花卉交易、物流、研发、培训、旅游等于一体的"花卉产业总部园区"、打造"亚洲花都"的发展目标，昆明斗南花卉有限公司引进港资，于2010年2月组建昆明斗南国际花卉产业园区开发有限公司，投资建设斗南国际花卉产业园区，目前该公司已把业务拓展到种植、市场经营、花卉物流、花卉人才培养、插花艺术交流，并向花卉文化旅游、配套酒店管理、金融等领域渗透，花卉衍生业态较多且花卉产业链的发展模式初具规模，成为亚洲花卉业的领跑者。与此同时，斗南花卉小镇依托云南省农业科学研究院、中国科学院昆明植物研究所等科研机构开发的花卉新品种超过400个，居全国首位，许多花卉技术在全国领先，产业优势十分突出。

（五）项目主体

斗南花卉小镇以鲜花为主题，以花卉产业为根基，花卉消费体验、旅游体验、文化体验、健康休闲为特色，打造与花卉产业相关联的集花卉康体养生游、花卉产品购物游、花卉文化主题体验游、花卉研发科普游于一体的花卉主题休闲小镇；形成集花卉交易、物流、研发、培训、旅游等功能于一体，集吃、住、娱、购、行、游等体验于一体的花卉产业旅游。整合周边湿地公园滇池湖滨景观、人文历史、民间工艺品、特色美食、花田景观等旅游资源，设置大众休闲观光、修学旅行、科创体验、节庆赛事、商务接待、康体度假、花卉生态、花卉婚庆、花卉摄影、花卉饮食等多层次立体旅游项目，助推功能单一的花卉产业园向"产业特色鲜明、文化气息浓厚、生态环境优美、兼具旅游与社区功能"的特色小镇转型。

三　项目发展定位

（一）发展思路

斗南花卉小镇是以花卉产业优势为基础，依托昆明大健康产业示范区建设，推动花卉养生与健康服务业融合发展，重点发展花卉饮食、花汤养生、芳香疗养、健康运动，打造花卉健康主题养生度假区；通过建设花卉产业研发及科普体验区、花卉产业交易区、文创旅游生活区、花卉湿地度假区等，丰富项目产品体系，提升项目品质，从而激活项目的影响力，助力斗南花卉小镇成为世界知名的花卉主题健康旅游目的地。

项目本身的发展立足特色花卉产业，延伸花卉的产业链，同时注入健康旅游元素，使花卉产业与健康旅游互聚人气，形成相互赋能的双层驱动，从而构建人人向往的花卉健康生态小镇。项目的发展以宜业宜游宜养宜居的项目优势为基础，以特色花卉为产业支柱，以健康旅游为区域带动，构建"花卉产业＋特色小镇"的开发模式，以"花卉＋康养＋休闲"的运营模式，形成近中远期项目稳步发展的格局。

（二）总体定位

以鲜花为主题，以花卉产业为主导产业，助推功能单一的花卉产业园向"产业特色鲜明、文化气息浓厚、生态环境优美、兼具旅游、康养与社区功能"的特色小镇转型，将斗南建设成为——世界第一的花卉交易中心：强化斗南花卉在世界花卉产业发展格局中的主导权，提高综合经济效益，建成全球第一的花卉交易中心。

亚洲第一的花卉产业创新研发高地：构建双创平台，创造良好的营商环境，吸引花卉研发机构入驻，提升花卉产业研发创新能力，逐步形成带动亚洲花卉产业的创新平台。

中国第一的花卉特色小镇：立体延伸花卉产业链，增加花卉衍生品附加值，展现多元花卉文化魅力，提高小镇旅游吸引力，形成中国第一的以花卉为主题特色的宜居、宜业、宜游小镇。

世界知名花卉主题健康旅游目的地：立足花卉产业特色，融入昆明乃至云南健康旅游体系，大力发展花卉产业的健康旅游项目，深度开发"花卉＋健康旅游"融合的产品，打造融花产业、花游乐、花休闲、花康养、花科普、花文化等功能于一体的世界知名的以花卉产业为特色的健康旅游目的地。

（三）功能定位

项目依托独特的花卉产业资源优势以及花卉交易规模优势，以鲜花为主题，以花卉产业为主导产业，全方位注入健康旅游元素，从项目功能上基本涵盖了健康旅游的全功能业态，包括花卉养生、养老度假、度假旅居、休闲观光等。从客户需求上来讲项目基本可以满足儿童、青年、中年、老年全年龄段的健康旅游需求；从产品业态上来讲，项目的核心功能主要在观光科普、休闲度假、养生养老、旅游旅居四大方面与花卉产业的深度结合。

四　项目规划布局

（一）总体布局

昆明斗南花卉小镇以花卉产业为核心，辅助布局文化旅游业，建设内容包括小镇会客厅、鲜花精品馆、苗木盆景交易市场等产业服务设施，斗南湿地公园、实验花田、花田运动区等生态景观工程，原住民安置与社区改造提升项目，以及配套的基础设施和公共服务设施。根据斗南花卉小镇地域特征和现状建设条件，考虑与产业空间的耦合关系，结合小镇的生态空间，落实花卉产业链业态，形成"一带五轴五片区"的特色功能结构，以此作为景区的发展框架，斗南将呈现"花—田—城"共融的总体格局。

"一带"，从活动特性（物流活动—人群活动分离）出发打造一条景区特色服务与体验发展带。

"五轴"，依托斗南街、古滇路、金桂街、彩云中路形成景区的城市风貌轴，以及依托环湖东路形成的环滇池景观轴。

"五片区"，根据小景区的综合发展需求，结合建设现状，形成核心产业片区、产业服务片区、花海体验、科普体验组团、文化—旅游—生活综合社区和湿地生态及旅游度假片区。

（二）功能分区

斗南特色小镇根据总体布局形成五大功能分区，即核心产业片区、产业服务片区、文化—旅游—生活综合社区、花海体验、科普教育区和湿地生态及旅游度假区。

①核心产业区

在斗南国际花卉产业园区和国际花卉拍卖交易中心的基础上继续做大做强花卉交易产业，加强花卉仓储冷藏和冷链物流功能，加快花卉物流公共信息平台的建设。

②产业服务区

延伸花卉服务产业，重点加强花卉金融服务，构建覆盖花卉全产业链的投融资体系，保证斗南花卉小镇的健康可持续发展。

③文化—旅游—生活综合社区

结合斗南社区的提升改造，利用盆花市场搬迁的契机，剥离社区中原有的加工、仓储、办公等产业功能，同时结合金桂街南侧的花卉社区建设，导入文创、旅游功能，打造一处生活—文创—旅游的复合社区，实现从"产业村庄混杂"到"产业社区融合"的跨越。

④花海体验及科普教育区

充分利用呈贡与昆明主城区之间的生态隔离带，依托其优质的自然生态和便捷的交通优势，打造重要的生态体验景观带。该区域建设应结合斗南的花卉优势，开发花田花海展示、休憩、休闲、花卉研发等功能。

⑤湿地生态及旅游度假区

在现有斗南湿地公园良好生态环境条件的基础上，结合小镇整体的产业定位，融合花卉旅游度假功能，策划一批具有花卉休闲的服务项目，变"流量经济"为"留量经济"。

（三）产品业态

斗南花卉项目通过纵向延伸花卉深加工，小镇内建设花卉深加工的总部、研发中心和花卉衍生产品体验销售等项目，横向融合花卉文创、花卉旅游、花卉养生，发展一批花卉主题的创意体验项目，如：插花盆景设计、花饰设计、香包制作、花田摄影、花田婚宴、花卉摄影展、花卉绘画展等；花卉主题的旅游休闲项目如花田艺术景观、花卉音乐节、花卉农事体验、花田露营等；健康养生项目如花海骑游、花道漫步、花田美食、花汤养生等，形成丰富多元的产品业态。

（四）项目分布

① 核心产业区

该功能区域具体包括国家级斗南花卉市场、拍卖大厅、小镇会客厅、花卉研发中心、盆景苗木交易市场等项目。

② 产业服务区

该功能区域主要包括"花卉+"大数据平台、花卉金融平台、总部办公、休闲商业街、电商办公、商业内街、商住社区、总部办公等项目。

③ 文化—旅游—生活综合社区

该功能区域主要包括文化活动中心、花卉主题商业街、花街民宿、大师工坊、花卉主题社区广场、花卉文化创意设计中心等项目。

④ 花海体验及科普教育区

该功能区域主要包括主题花卉休闲体验公园、种子中心、花房、实验花田、花卉循环经济科普中心、栽培试验田等项目。

⑤ 湿地生态及旅游度假区

该功能区域主要包括花都论坛、花卉主题度假酒店、芳香疗养健康中心、商业街、香薰乐场、花海景观区、花田运动区、花田迷宫、生态湿地公园等项目。

五 项目产品策划

（一）花卉与旅游产业融合分析

花卉产业是将花卉作为商品，进行研究、开发、生产、物流、营销以及售后服务等一系列的活动。花卉产业链是指花卉经济活动中的各产业依据前、后向的关联关系组成的产业链，这种产业链模式为：

花卉产品和生产研发→花卉技术、花卉肥料和花卉提供→花卉种植生产→花卉产品加工→花卉产品销售。

从产业供给出发，旅游产业结构转型升级包括旅游业生产力六要素的改善，即吃（旅游餐饮）、住（宾馆住宿）、行（交通）、游（景观旅游）、购（旅游商品）、娱（娱乐休闲）。总结旅游业这些年的发展，在现有"吃、住、行、游、购、娱"旅游六要素的基础上，发展出新的旅游六要素："商、养、学、闲、情、奇"。前者为旅游基本要素，后者为旅游发展要素或拓展要素。

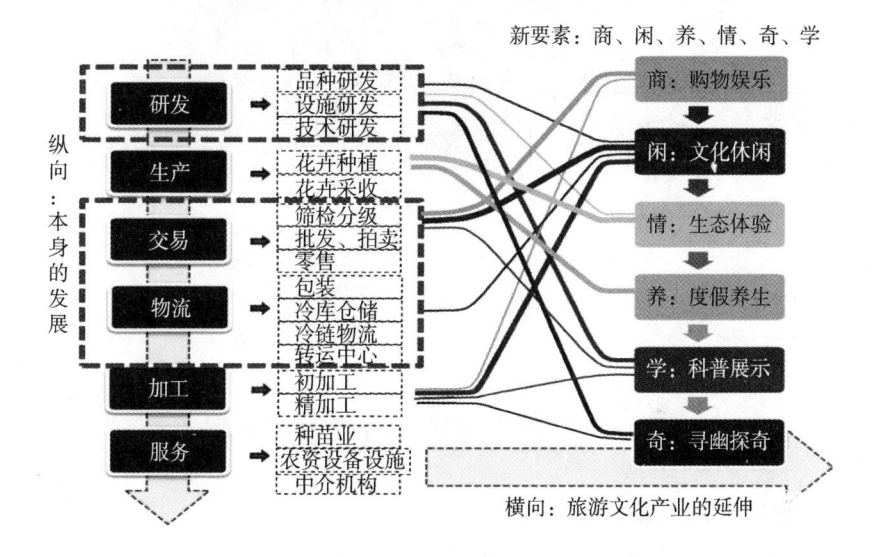

图 6-6 旅游文化产业与花卉产业的融合关系

斗南产业发展应当不断完善自身主导产业——花卉产业，纵向延伸花卉产业链，结合斗南定位横向延伸到旅游文化产业上。结合旅游产业新六要素，花卉产业在旅游产业方面可以形成六大方面：购物娱乐、文化休闲、生态体验、度假养生、科普展示、寻幽探奇。

采用"资源禀赋"和"市场前景及契合度"两个维度组成的四象限分析，对"花卉+旅游"中包含的各个产业门类进行分析。选择"资源禀赋强、发展前景和契合度高"的产业类型作为主导产业在规划区布局，引导规划区整体产业经济发展。对于"资源禀赋一般，但发展前景和契合度较强"的产业和"资源禀赋较强，但发展前景和契合度一般"的产业，作为补充性行业进行保留和更新。

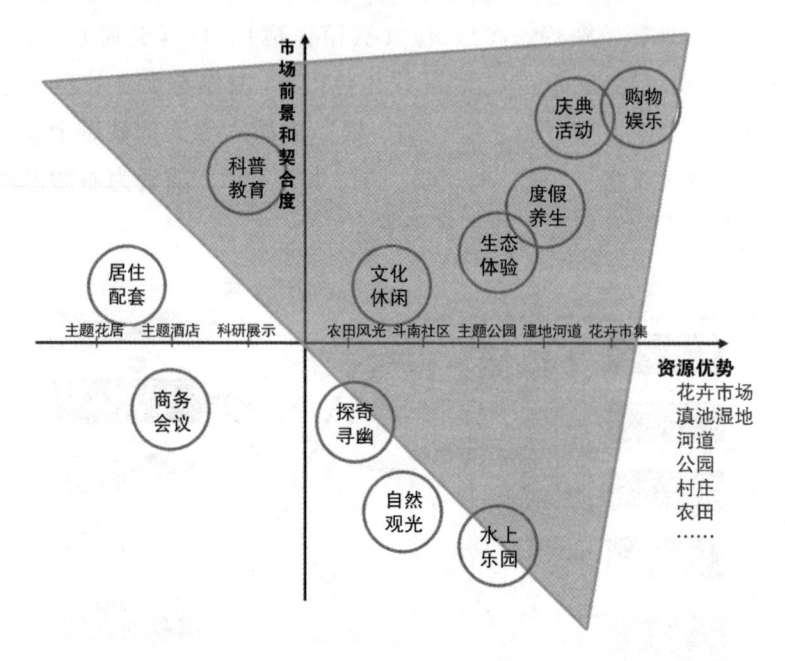

图6-7 "花卉+旅游"各个产业门类分析

（二）项目产品体系

按照"一带五轴五片区"的总体空间布局，斗南花卉项目基本按照"产业、休闲、科普"三大板块进行健康旅游产品的打造，基本构建出以花卉产业为核心、以休闲养生为基础、以文创科普为特色的项目和产品体系。

表6-2　　　　　　斗南特色花卉小镇项目产品体系

主题板块	核心项目	主要产品
核心板块——花卉产业游	花卉交易拍卖中心、花花世界、盆景市场、花卉博览中心、花卉金融中心、花卉物流中心	花卉及花卉衍生产品购物集市、花卉拍卖交易参观、海洋世界、盆景博物馆

续表

主题板块	核心项目	主要产品
基础板块——休闲养生游	健康管理中心、花街民宿、花卉主题度假酒店、花卉风情街区、花卉主题广场、花卉养生餐厅、花镜游园、芳香工坊	健康咨询服务、生态住宿体验、花卉养生膳食、鲜花精油SAP、鲜花温泉疗养、花茶会馆、花田户外运动、花田露营、花田摄影、花卉手工DIY、花卉种植体验
特色板块——文创科普游	花卉研发科普中心、花卉文创中心、国际名花展馆、花卉栽培实验田、园丁学校	花卉科普活动、花卉采摘节、花道茶道香道品鉴会、花卉养生美食节、花卉园艺博览会、花卉论坛交流会、花卉音乐节

核心板块：花卉产业游

立足花卉产业特色，提升斗南花卉交易中心综合配套，围绕花卉交易拓展购物娱乐旅游项目，打造多样的旅游购物娱乐场所；结合花卉精深加工，丰富购物商品层次；依托花卉生产、交易、加工等环节，拓展特色体验项目。在现有花拍中心和花花世界项目的基础上，改善外观、改进功能。在外观上，利用花卉色彩和外形等元素凸显拍卖交易中心与花花世界建筑风貌；在功能上，新建盆景市场、花卉博览中心、花卉金融中心、花卉物流中心等项目，改进花卉产业的金融、物流等功能。

基础板块：休闲养生游

此部分项目及产品主要集中于文旅生活社区和湿地生态旅游度假区，依托生态花卉产业，打造集种花、采花、制花、储花、品花、食花、鲜花SPA高端休闲于一体的"花卉休闲社区"，体现花卉产业与旅游的融合，健康与旅游的融合，实现休闲养生和健康服务功能。其中，结合社区改造鼓励发展花卉文化休闲旅游，并依托生态湖滨和万亩花海的生态优势打造花卉主题休闲度假民宿和高品质花卉主题度假养生酒店集群，拓展花卉美膳、花道茶道体验、花卉精油养生等与产业关联性较高的旅游体验项目；湿地生态旅游度假区打造花海种植区，拓展花海户外体验项目；建设健康管理中心、花街民宿、花卉主题度假酒店、花卉风情街区、花卉主题广场、花卉养生餐厅、花镜游园、芳香工坊等。

特色板块：文创科普游

此部分项目及产品主要集中于花海体验及花卉科普教育区。建设具有花卉文创、科技展示、科普教育功能的系列场馆，包括花卉研发科普中心、花卉文创中心、国际名花展馆、花卉栽培试验田、园丁学校等项目，开展科普教育体验活动和花节庆典文化活动，如：花卉科普学堂、花卉科普夏令营、花卉采摘节、花道茶道香道品鉴会、花卉养生美食节、花卉园艺博览会、花卉论坛交流会。

（三）游览线路设计

根据片区景观要素，结合旅游设施以及交通联系路径，在区域内组织生态观光、商贸体验、小镇观光、文化展示和滨水休闲五条特色景观游线。

六　项目实施措施

（一）土地利用

结合景区发展需要，沿主要道路布置防护绿地，合理安排产业空间用地，结合景区整体布局，布置安置住房，依托湿地公园和码头布置旅游相关功能用地，根据生产和生活需求安排相关公共服务设施和基础服务设施用地。用地布局中倡导城镇功能空间混合布局、集约土地利用，鼓励进行土地复合利用，形成水平与垂直功能混合。

（二）基础设施完善

基础设施完善板块包括道路交通设施建设、平台工程建设、旅游标识及旅游设施建设、24小时全天候监控系统。

道路交通设施建设：包括古滇路斗南段、金桂街、斗南街、瑞香路二期工程、花都路二期工程、环湖路西侧三条支路、瑞香街一期道路改造及管线工程、道路附属市政管网、行道树、风光互补路灯的建设。

平台工程建设：包括综合服务平台建设、旅游标识及旅游设施建设以及24小时监控系统建设。

旅游标识及旅游设施建设：完善旅游标识、导览系统设施及旅游环卫设施建设。包括单一标识系统、复合型标识系统、智能交互标识系统、旅游垃圾桶、旅游公厕、旅游邮政服务设施、旅游咨询点、旅游购物场所等设施建设。

24小时全天候监控系统：布局24小时全天候的安全监控体系。包括景区范围内60个监控探头的布局，以及监控系统后端监控机房设备的安装。

（三）服务设施配套

服务设施项目板块包括安居工程建设以及综合服务设施建设。

（四）环境与保护

依托湿地区域较好的植被条件，结合场地梳理，补植长势良好、生态功能优越、可粗放管理的乡土植物，建设功能性湿地。同时，在保障生态安全的前提下，将休闲养生、水上游览观光等内容，合理布置于带状空间内，将湿地建设成为湖滨生态功能湿地绿脉。按照湖滨地势生物多样性保护、水质净化、景观美化总体目标要求，在湖滨湿地设置由前置沉淀塘、植物氧化塘、植物景观塘组成的湿地净化体系。前置沉淀塘主要完成尘沙和污水的初步净化，植物配置主要有植物浮岛、凤眼莲、睡莲等。植物氧化塘主要进行污水的进一步的生物净化，植物配置主要有李氏禾、水花生、睡莲、纸莎草、芦苇等。景观主要进行生物深度净化后排入滇池，植物配置主要有狐尾藻、金鱼藻、马来眼子菜、黑藻等。

斗南花卉特色小镇处于生态敏感地区，规划首先要强化底线约束，落实基本农田、滇池保护控制线和昆明市生态隔离区的生态红线，在此基础上确定生产、生活的发展空间。因此将小镇空间划定成环湖湿地生态建设功能区、生态隔离带生态建设功能区、小镇生态建设功能区三个生态功能分区，在此基础上提出分类控制要求，逐步修复生态环境。首先，针对滇池湿地、生物多样性和生态隔离带提出保护方案，明确环湖湿地和生物多样性治理方案；其次，对小镇范围内水系、固体废弃物、大气环境和声环境整治提出应对方案；最后，明确产业准入标准，严格落实负面清单策略，并完善环保治理全过程管控。

七 项目示范意义

(一) 健康旅游产业形态示范

斗南花卉项目的产业形态以花卉康养为核心功能，以花卉产业为原发特色，通过"花卉+"开发花卉养生、养老度假、度假旅居、休闲观光、花卉文创、花田运动、产业科普等多种健康旅游产品业态，在健康旅游产业形态上是一个以花卉产业为主题特色的综合性健康旅游示范试点。作为本次健康旅游目的地建设示范区的健康旅游试点，斗南花卉项目不仅仅面向中老年人的养老和养生人群，还覆盖青年养心养颜养情（娱乐、婚恋市场），以及少年养智（研学市场）、幼年养育（亲子市场）这些更广更深的层面，满足老、中、青、少、幼各个年龄段的康养需求，以"特色花卉产业+休闲康养模式"成为花卉特色产业特点突出的综合性健康旅游示范试点项目。

(二) 健康旅游标杆产品示范

标杆产品一：芳香疗养健康中心——"花卉+健康"产业融合示范

芳香疗养健康中心以"花卉+健康"为特色，从游客的身体机能、运动水平以及心理特征等几个方面需求入手，以花卉产业为基础，通过"花卉+"充分融合健康养生元素，设计了花卉养生餐厅（以花为主要食材，讲究美味和养生之道，品种涵盖菜品、花茶、花粥、花酒等）、精油（提供鲜花精油、花茶、香料等深加工产品）、芬芳SPA、鲜花温泉、休闲花园、花房健身、花厅沙龙、怡乐种植、插花教室等多个功能板块，涵盖了自然、科学、人文、艺术、教育、情感关怀等多种情景空间，通过视觉、嗅觉、触觉、味觉全方位为到访游客缓解压力、安抚情绪、恢复精神、修复心灵。同时引进专业养生与度假服务团队，提供3—28天独具特色的花卉健康服务套餐、水疗理疗、专业健身、健身课程等全方位的健康管理服务，构筑集"花卉食疗""花卉理疗""花房健身""花卉心疗"等于一体的幸福的"芬芳家园"，打造产业特色凸显的国际知名花卉产业康养胜地。

标杆产品二：花田科普户外基地——体验式花卉产业科普示范

花田科普户外基地项目以"花卉科普+花田运动"为特色，立足花卉产业种植优势，根据季节交替打造四季万亩花海，通过不同种类花卉搭配种植，形成多彩花田景观；在花田中打造漫步走廊和骑行车道，并将运动娱乐导入其中，花田中设置卡丁车赛场、迷宫等趣味运动项目；花海道路两旁布置花卉科普知识展区，形成一个集"户外健身""产业科普"和"休闲观光"于一体的户外花卉博物馆，不仅成为可承接鲜花音乐节、婚庆摄影、户外赛事等大型活动的休闲娱乐场所，还是一个可承接中小学户外课堂、冬夏令营生态教育的天然课堂，游客既可以在花海中自在漫步、在花田旁畅快骑行，更能在途中学习花卉产业科普知识，兼顾了生产要求和旅游需求，既不影响生产种植，又能满足游客体验，是一个身心俱养的体验式花卉产业科普健康旅游示范产品。

标杆产品三：鲜花主题生活社区——康养型旅居产品体系示范

鲜花主题生活社区以"康养旅居"为特色，依托邻近的生态湿地和生态花田优势自然资源，集中布局康养旅居产品，形成生态环境优美的康养型生活社区。社区内结合地形特点设计车行、人行等不同道路，并用各色鲜花装点建筑与道路景观，形成户户有花的特色主题社区，塑造鲜花休闲民宿、鲜花养老公寓、鲜花度假酒店、鲜花蜜月小墅、花丛露营帐篷等多元化、多层次的住宿形式，配套游客中心、停车场和礼品店等旅游功能设施，配套健康咨询中心、生活促进中心、康体俱乐部会所、生态养生餐厅等康养功能设施，提供入住健康咨询、个性康养活动定制、健康养生餐饮、养生教学课程等康养服务，同时结合当地民俗文化和农耕文化以及花卉产业开发特色旅游商品和休闲活动，建设手工艺、民俗及农事体验活动作坊，以鲜花吸引游客，以康养留下游客，以产业引进人才，构筑未来人居生态康养示范区，打造生态康养型旅居示范产品。

（三）健康旅游运营模式示范

产业特色突出的康养旅居模式。斗南花卉项目依托昆明四季如春的绝佳气候条件和花卉特色产业，以花文化为魂，以生态景观花田和立体花卉产业链产品为吸引，全面融合健康产业和旅游产业，注入康养旅居功能，为旅居游客提供具有花卉产业特色的全方位康养管理服务，打造宜居宜业宜游宜养的"花—田—城"共融的现代康养旅居小镇，变"流量经济"为"留量经济"，打造了"花卉产业+康养旅居"的系统化、全面化、连锁化、灵活化的模式示范。

"工租购旅"多方式参与模式。斗南花卉小镇汇集了商业金融人士、观光休闲游客、旅居人士、花商花农、科研人员等各色人群，因此这里为客户提供多种灵活的加入方式，到访游客可以选择"工、租、购、旅"等多种方式成为斗南花卉小镇的一员，即可以通过参加劳动生产兑换住宿（此种方式作为如今比较流行的义工旅游模式，不仅可以深化游客体验，而且为小镇未来建设吸引人才打下基础）、按月支付租金、购置房产等形式入住小镇，获得相应入住权后即可享受小镇内提供的各类健康管理及康养服务。

"产学研"深度结合模式。云南省的花卉产业从斗南发端，种植面积逐年扩大，产业链不断延伸，从业人员逐年增加。花卉产业被云南省委、省政府确定为继云烟、云药、云茶之后着力打造的新兴战略性支柱产业。斗南花卉项目作为云南花卉的核心和引领，将依托现有产业集群基础，深入与各大专院校和科研机构合作，将技术资源、智力资源、教育资源直接介入产业前端，服务广大花卉企业，实现产学研的高度结合，打造"产学研结合模式"，为花卉产业链全面升级注入强大力量。

八　试点提升方案

（一）产业深度融合发展，注入健康旅游功能

目前就斗南花卉项目现状分析而言，产业规模初具雏形，但立体

产业链体系打造有待深化。斗南花卉健康旅游试点项目以"花卉产业＋康养旅游"为主导发展方向，围绕建设宜居宜养宜业宜游"全国一流特色小镇"的战略目标，以创新驱动为核心，提质增效为抓手，全面实施"花卉＋"和全产业链创新战略，加快推进斗南花卉小镇产业深度融合发展，依托产业规模优势构建以花卉纵向全产业链为核心，借力健康旅游项目试点促进横向积极融合旅游、文化、健康等关联产业的立体大花卉全产业。该体系强调花卉交易、物流和研发三个产业核心环节，重视花卉深加工和花卉服务两个产业延伸环节，同时还突出了花卉产业、休闲养生、健康旅游三个产业融合环节。通过花卉产业和健康旅游融互聚人气、相互赋能，产生产业协同效应，使花卉产业为健康旅游赋予产业特色，同时健康旅游也为花卉产业带来"留量经济"。

（二）强化花卉产业根基，打造花卉产业集群

斗南花市作为"中国乃至亚洲最大的鲜切花交易市场"，外销以鲜切花占比高为重要特征，缺乏深加工产品，且自主知识产权的花卉新品种比较少，花卉产业始终徘徊在低端产业链上，相比荷兰、日本、美国等花卉产业发达的国家而言，我国的花卉产业发展仍处于初级阶段，花卉经济带动效应并不明显，花卉资源优势还未转化为产业优势。斗南花卉小镇项目拟依托现有产业根基，利用独特的气候优势、生态优势和花卉产业优势，创造以"生态康养"为背景的良好营商环境，引进产业链上下游相关企业和科研机构，促进与养老、旅游、互联网、建设休闲、食品等产业的融合，把昆明斗南花卉特色小镇建设成为全国大健康产业示范区。一方面，在鲜花的传统种植销售的基础上，对花卉进行深加工，结合花卉养生功能，研究开发花卉食品、花卉医药、花卉香料等产品，这不仅在一定程度上减轻花卉季节性问题，还可以提高花卉产业利润率。

另一方面，从花卉品种创新、花卉技术研发、花卉生产经营、花卉市场物流、花卉社会服务、花卉文化创意等全方位完善花卉产业体系，突出和放大产业集群的聚集效益，积极培育商贸金融、国际会展、

旅游服务、现代物流和大健康产业等产业集群。打造综合规模大、服务水平高、功能齐全的花卉产业集群发展区，推动花卉产业链全面升级。

表6-3　　　　　　　　　　花卉深加工产品示例

种类	产品	举例
花卉食品	鲜花饼、鲜花糕、花汤、花茶、花醋、花酒、花卉食用色素、花粥、花蜜	玫瑰花饼、桂花糕、玫瑰花茶、菊花茶、桃花酒、荷叶茶、茉莉花茶、玫瑰花蜜、樱花寿司、樱花汤
花卉医药	花卉有较高药用价值，可通过对其蒸馏萃取加工成口服液、片剂、胶囊、中成药等医药产品	金银花露、梨花止咳口服液
花卉香料	鲜花精油、花卉香皂	薰衣草精油、玫瑰精油、桂花精油、茉莉花香皂

（三）开发"花卉+"产品，挖掘内生独特优势

随着经济社会发展和大众旅游时代的到来，曾经占统治地位的传统观光型旅游将向多样化发展，旅游者多样的个性化需求对旅游产品体系提出更高的要求。由于激发人们旅游的动机和体验要素越来越多，旅游要素从原来"吃住行游购娱"六要素拓展出新的旅游六要素"商养学闲情奇"。

斗南花卉项目立足花卉产业优势，从产品创新入手，基于"吃、住、行、游、购、娱、商、养、学、闲、情、奇"的全面视角来审视花卉产业的价值，通过"花卉+"实现产品功能的交叉设计和基础服务的综合设计，借助产业融合趋势，拓展横向产业链条，为游客提供独具花卉产业特色的健康旅游体验，实现游客体验的深化与创新，挖掘具备花卉产业优势的健康旅游产品。如开发花田户外运动、花卉研学旅游等旅游形式，又如开发花丛帐篷酒店、鲜花养老公寓等新型住宿，再如开发花田农场、插画艺术课堂、花卉文创工坊等体验型产品等。

（四）打造生态康养环境，花卉小镇健康赋能

斗南花卉项目具有四季如春的气候优势、生态湿地和花海等环境优势，具备了康养胜地的先天条件，斗南花卉健康试点项目在大健康产业发展政策的引导下，在区域健康旅游开发和运营中始终将生态环

境保护摆在重要位置，并在保护原生自然康养环境的基础上，在小镇建设时格外注重健康旅居环境的关注度、满足度、必备因素、期望等方面，将通风及空气洁净、饮水和排水、采光和灯光调节作为重要的"健康"指标，同时配套康养基础与服务设施及康养人才团队，以健康生活为花卉小镇赋能，构筑健康居住体系、健康办公体系、健康商业体系和健康服务体系，打造集体育运动、休闲度假、养老旅居、农事体验、文化创意、商务会展于一体的花卉产业小镇。

第五节　休闲购物试点

——公园1903

一　项目建设基础

（一）概述

昆明"公园1903"是中国首个集成式公园生活范本，聚集了城市开放区公园、百货、婚庆配套、超市、影院一体化、学校和高尚住宅等。该项目坐落于昆明滇池国家旅游度假区，占地1500亩，包括600亩的主题公园和14万平方米商业街，"公园1903"拥有浪漫的法式风情街区、全球第11座1∶1比例的水晶凯旋门、法式仪式堂、红酒庄、人工湖等独特景观，已经成为国家AAAA级旅游度假区。"公园1903"以文化元素为主线，以建筑空间为载体。以1903凯旋门为代表的建筑物融合了中法建筑文化精髓，配套街区、多元开放的购物公园和大型主题乐园，使之成为独特、有鲜明个性的城市烙印的地标性建筑。

"公园1903"由冠江集团自主经营、统一管理，聘请了国内多个知名商业运营团队大手笔打造的休闲购物中心。"公园1903"在设计理念上颠覆了传统公园的定义，将"打造城市活力中心"视为主旨。在这个公园中，风景的构成不再拘泥于传统园林和植物景观的形式，而是选用了更多具有人文气息的建筑和创意，是异国文化在一个集中空间的浓缩展示。冠江集团从滇越铁路沿线中挖掘出更具深度和广度的法国文化，最终将中法文化结合作为项目的文化主题。由于签订《滇越铁路修建章程》之时为1903年，故成为"公园1903"项目名称的由来。

（二）地理区位

"公园1903"，坐落于昆明滇池旅游度假区最后一块可开发的稀缺土地上，占地1500亩，开发用地约800亩。整个项目用地南侧紧邻同德极少墅、云天化花园、滇池康城，东西两界分别为清水河与采莲河，地块现状为耕地与少量鱼塘，地形平整，用地所在区域为国家级景区——滇池旅游度假区，区域认知度高，可塑性强。项目地块与城市中心之间及其他城市区域交通便捷。

2020年4月8日，昆明市人民政府办公室对外发布的《昆明市建设区域性国际中心城市2020年度行动计划》（以下简称《行动计划》）显示，2020年昆明将确保"一枢纽、四中心、三品牌"建设取得成效，并加快推进区域性国际中心城市建设工作。该文件指出，为促进消费升级，充分利用"两个市场""两个资源"，优化市域商业布局体系，昆明市政府将实施新兴消费拓展计划，大力培育夜间经济，着力打造以"公园1903步行街改造"项目为代表的重点商圈、地标、文化、旅游等工程，形成有吃头、有玩头、有看头、有文化、有消费的夜经济发展格局。昆明市计划于2023年启动申报区域性国际消费中心城市试点工作。

（三）环境条件

"公园1903"位于滇池旅游度假区核心区，属于昆明市内规划、资源、景观、气候、配套最好的地块。昆明滇池国家旅游度假区，是国务院1992年10月批准成立的全国12个国家级旅游度假区之一，也是全国12个国家级旅游度假区中唯一位于内陆省的旅游度假区。全区规划控制面积18.06平方千米，南濒滇池，北连市区，东与西山区接壤，西与著名的西山森林公园隔湖相望。度假区划分为综合服务区、度假别墅区、高尔夫球场、现代游乐园、大型淡水沙滩浴场、民族文化风情园、垂钓基地、水上娱乐中心、珍稀动物观赏区九大功能区。度假区气候四季宜人，年最高气温不超过31℃，最低气温不低于-6℃，平均气温14.7℃，空气质量365天均为优质。建区以来，度假区抓住国家重要发展机遇期，实现了从无到有、从小到大、从弱到强的跨越发展，形成以体验25个民族风情和高原体训、康体休闲度假区为特点的特色品牌，在全国12个国家级旅游度假区中独树一帜。

（四）历史积淀

"公园1903"命名的由来，1903源于滇越铁路在云南开建的时间——1903年，因此这里蕴含了许多法国文化元素。20世纪90年代的昆明，还没有错落的高楼，更没有城市综合体概念，葆有岁月印记的教堂，以及颇有法式风格的老旧楼宇，向所有昆明人诉说着昆明与法国之间的浓浓情谊。在茶馆里，在树荫之下，在穿过闹市时，总能看到老人们述说一栋栋老建筑的历史。正如在昆明的街边看到梧桐树，或者经过翠湖边的云南陆军讲武堂，就能勾起昆明人心中关于法国的记忆一样，百年之后，作为中法文化的交会点，"公园1903"也许能让昆明人重拾法国记忆，让它不仅仅是停留在黑白照片或老人的口述中，那些关于中法文化100多年来碰撞的历史，也许能通过"公园1903"呈现的一点一滴，重新回到昆明人的生活之中。

（五）产业条件

依托昆明得天独厚的气候优势和区位优势，滇池度假区已经成为昆明市乃至于云南省康养旅游、度假休闲、体验民族风情和亲近滇池、享受生活的必游之地，也成为海内外游客体验"民族风情之旅"和"健康时尚之旅"的上选之地。当前，昆明滇池国家旅游度假区按照"规划引区、生态立区、产业强区、旅游兴区、文化活区"发展战略，紧紧围绕昆明建设区域性国际中心城市，加快开展全域旅游建设，全力打造国家大健康示范园区。昆明在打造世界春城花都、国际旅游城市和中国健康之城中走在前列，争当标杆和示范。

目前度假区共打造出闻名全国的"六张名片"。一是云南民族村，这里有云南 25 个少数民族风情，是宣传云南少数民族风情的重要窗口。二是海埂大坝和公园。三是高原康体运动基地。国家高原体育训练基地和红塔体育中心每年接待近百支国内外运动队，承担运动员训练，是著名的足球、垒球、网球和田径全国训练基地。同时承办了昆明马拉松、上合马拉松、中国企业家皮划艇赛、中华龙舟赛、中印瑜伽大会等赛事。四是健康养生养老基地。建成了兵器、铁路、煤炭、民航等部级疗养院、培训中心、星级酒店、民宿客栈。五是万亩湿地。建成捞渔河、永昌、海洪等湿地公园，推进滇池环湖生态、旅游、文化"三圈"建设。六是高水准文化设施。建成云南民族博物馆、民俗博物馆、袁晓岑艺术园、海埂会堂等高水准文化设施，成为云南重要的艺术交流中心。

（六）项目开发主体

"公园 1903"由冠江集团旗下云南堃驰地产开发，是以中法文化为背景打造的集文化、商业、教育、住宅于一体的大型综合性多功能项目。昆明冠江集团是以昆明冠江集团有限公司为母公司的一家规模化经营、多元化发展的集团公司。业务涉及区域旅游发展、房地产开发建设、文化建设及传播、新区开发及运营管理、城市形象提升等众多领域。冠江集团目前已开发建设土地约 5000 亩，现自持运营商业 30 万平方米。该公司致力于云南本土的房地产开发、旅游文化发展、城市形象提升及医养产业链打造，拥有丰富的房地产开发及运营经验，同时完成多个项目建设，并打造了昆明标杆性项目——"公园 1903"。

二　项目发展定位

（一）发展现状

"公园 1903"依托于滇池度假区这一绝佳的自然环境，融合中法建筑文化特色，以新锐的视野拥抱当下的世界。目前，"公园 1903"围绕家庭消费、潮流生活、游乐体验等进行业态布局，招商率已经超过 80%。随着百亩人工湖、湖滨酒吧街、童梦游乐场等极具人气吸引力的板块与消费者见面，"公园 1903"以水幕电影、音乐喷泉、健康栈道、时尚云湖酒吧街、大型游乐场、云南最大的漫咖啡体验店、中国首家耐克健身房、云南首家百丽宫顶级影院等独特元素，形成人气磁场，引领时尚潮流生活。

为了能够持续发力，进一步满足各年龄层不同消费群体的需求，"公园1903"积极地开展了步行街的升级改造，重点围绕项目独有优势打造了一系列的夜间经济实施方案，不断提升项目品质、拉动消费升级，带动城市商圈及生活圈，最终将公园1903打造成为昆明乃至全国范围内的商业标杆。

（二）项目总体定位

开发之初，"公园1903"便定位于追求高品质、洞察未来生活方式，产品独具特点，开启商业的差异化竞争之路。同时，基于百年中法文化，项目开发者决心规划打造1500亩的中法文化交流中心，并在公园主题上进行商业演绎。设计上，将法式文化串联、发散，集餐饮休闲、浪漫婚庆、主题购物、文化娱乐于一体，创新性打造七大主题：文化主题、奥特莱斯购物主题、婚庆主题、餐饮主题、游乐主题、酒吧主题以及教育主题。

（三）未来发展思路

商业空间和艺术的有机融合。随着昆明城市的商业空间不断多元化，商业空间和艺术的有机融合也成为必然。作为云南首个拥有当代美术馆的艺术商业综合体，"公园1903"以"'风华正茂'中央美术学院造型学院院藏百张素描作品展"作为昆明当代美术馆2020年的首展。引入艺术元素，滋养了商业空间在艺术和商业结合成为潮流的当下，"公园1903"尝试着给都市精英一种新生活方式，"让艺术更生活，让生活更艺术"。

坚持商业功能的实用性。当前"公园1903"的目标客户群体，是城市里有文化、有品位、有消费力、向往美好生活方式、注重体验感的人群。从消费趋势来看，随着都市精英群体消费能力的不断提升，对于商业空间的体验感和要求也会越来越高。在冠江商业集团总裁尹君看来，生活也不能不接地气，新商业形态或者说新的商业空间的突破点，应该同时兼顾生活和精神层面的双重需求。"公园1903"项目正是结合了这些需求，既有民生的体验，有吃喝玩乐，也有阳春白雪，在商业发展过程中，从艺术切入生活，让顾客得到更好的体验。

三 项目规划布局

（一）总体布局

目前，"公园1903"主要的文化、旅游、商业三大板块已经逐渐明晰，其中每个板块的创新和亮点，可谓是热力十足。

文化板块："公园1903"将在地标建筑凯旋门里，打造了一个昆明当代美术馆，长期展出云南籍世界知名艺术家的作品，举办各种文化沙龙，成为城市文化会客厅。同时，言几又书店、百丽宫电影院等知名文化品牌也将入驻"公园1903"。"公园1903"还与云南新锐文创企业拾翠合作，整合滇越铁路周边丰富的非物质文化遗产，在项目负一层打造一个占地1万平方米的滇越铁路主题文创街区，让消费者体验一段独特的文化体验之旅。

旅游板块："公园1903"构建了三大秀场、一个奥特莱斯、一个乐园，目标锁定中高收入人群。其中一个乐园是梦幻联邦乐园；奥特莱斯则是金格奥特莱斯，呈现轻奢街区和时尚运动街区组成的大奥莱概念。三大秀场则是"公园1903"全新打造的三个绚丽景观秀。

商业板块：在"公园1903"的商业空间内，汇集了胡桃里、繁花、事外、COPPER等知名酒吧品牌的湖滨酒吧街；网罗了小辉哥西南首店、漫咖啡旗舰店、1910滇越铁路主题餐厅；还有云南首家DKL进口精品超市、超级跑车俱乐部等。

（二）业态及功能分区

业态规划上，"公园1903"包含九大亮点：按法国巴黎凯旋门1∶1打造的水晶凯旋门，未来这里将成为餐饮胜地，消费者更可以在凯旋门上远眺滇池，感受无限美景；昆明少有的纯正法式证婚大教堂，让爱侣感受来自法国的浪漫与永恒；创新性湖滨山体设计的一等观影体验空间——山体影院；环湖而建的中华特色风情美食区——湖滨商业区；云南头个国际一线品牌折扣店——金格奥特莱斯；云南规模较大、品质较高的国际音乐厅；云南头个大型梦幻游乐场；城市核心最美近3万平方米葡萄庄园；香榭丽舍大道酒吧街。

（三）项目分布

图6-8　旅游项目分布

四　项目产品体系

与生俱来的优越位置，使"公园1903"承载了太多的荣耀、责任和压力。凝聚滇池旅游度假区天赋价值的"公园1903"，近乎完美地将公园与商业、商业建筑与城市公共空间结合在一起。项目聚集了城市开放区公园、主题百货、婚庆配套、超市、影院、一体化学校及高尚住宅等，是集休闲、娱乐、婚庆、时尚、餐饮、游乐及教育等于一身的综合体。

（一）核心项目及产品——国内首席婚礼胜地

当前婚庆产业已逐渐成长为新的朝阳产业，云南平均每年有10万名以上的新人登记结婚，巨大的婚庆市场直接拉动超过60亿元的消费。在此情况下一个以婚庆为主题的公园也将在昆明诞生。法国的香榭丽舍大街、水晶凯旋门、证婚仪式堂、现代音乐剧场、红酒庄、游乐场、音乐喷泉、100亩人工湖面、传奇奢华电影中心等都将走进滇池路，这一切的元素都注定了"公园1903"将承载着对婚礼、对爱情最执着的追求。

(二) 奥特莱斯——休闲购物天堂

能够让人陶醉在这个公园式购物生活城邦的前提，是要有足够多的活力品牌汇聚到一起，复合成引领娱乐风尚消费的商业影响力。为保证"公园1903"的商业活力，拥有前瞻战略眼光和品牌实力的冠江集团自持运营98%的商业，以一体化规范运营模式、一站式购物理念、现代化商业空间排布，有效保证了经营业态的纯粹合理，并通过在自持关键节点引进大品牌，发挥输血泵的磁核引动作用，盘活整个项目的商业氛围。以销售众多国际奢侈品牌的折扣商品为主，集购物、休闲和旅游于一体的金格百货奥特莱斯，是"公园1903"项目五大主题之一。

(三) 1903篮球公园——潮酷街篮文化胜地

1903篮球公园是国内第一个集体育、商业、文化、娱乐为一体的商业中心主题音乐篮球文化公园，实现了全新跨界商业运营模式。篮球公园占地面积1400平方米，拥有10年商业运营权，由台湾著名设计师XUAOLL设计，融合现代、时尚、运动、创意、街头文化，内设4块标准三人球场（采用最新智慧运动球场科技和国际赛事标准悬浮拼装运动地板），时尚集装箱酒吧、户外舞台专业高品质音效系统以及高端舞台灯光系统。1903篮球公园曾举办过多场引人注目的比赛和商业活动，比如麦迪中国昆明行活动、吴悠昆明街球公开赛、中美篮球约战赛，等等。

(四) 餐饮美食——无国界休闲集合地

世界各国料理旗舰、中国美食高端餐饮、特色小吃、休闲软饮、商务正餐都齐聚"公园1903"。在这里可以品尝到101种玛德琳蛋糕，无须环游世界；还可以享受神户牛肉，不必前往北海道。

（五）梦幻联邦乐园——儿时迪士尼梦

梦幻联邦乐园坐落于昆明1903园区内，与外部公园大环境相呼应，远可眺西山，近可观滇池，坐可临云湖，是云南规模最大的高科技亲子互动综合性休闲娱乐儿童主题乐园。

五 项目实施措施

（一）土地利用

昆明市自然资源和规划局发布了滇池湖岸花园2—9地块项目批前公示。资料显示，"公园1903"（2—9地块）将建设为集贸商业中心，由4栋沿街独立商铺和1栋集贸市场组成。根据公示文件，"公园1903"项目位于滇池湖岸花园项目2—9地块，用地北临海宏路，西临海润路，东临海蓝路，南侧为博欣采莲湾住宅居住区。项目用地性质为商业用地，1—4栋设置为沿街独立商铺，居中的5栋为集贸市场，整体形成一个集贸商业中心。

（二）交通配套

"公园1903"项目位于滇池国家度假区内，滇池路与广福路之间，东面临前卫西路，占地约1500亩，配建公园及配套商业约800亩，公园建成后将是翠湖公园两倍大。目前，"公园1903"有5条城市干道，16条公交线，未来还将增加多条直达公园的公交线和地铁线。

目前"公园1903"已开通12条免费购物专线。覆盖项目周边5公里范围内住的宅区（整个滇池度假区及昆明南市区）、市中心人流聚集区、市区旅游景点、机场及各大汽车客运站。度假区内的游客在家门口便可以乘坐免费购物直通车来到"公园1903"，而市区其他区域的朋友也可以就近乘坐市中心接驳点、景点接驳点或客运站接驳点的直通车直达。

（三）旅游设施及服务系统

供水系统："公园1903"所有地块的生活用水均由市政给水管网

供给，其中居民住宅区、商业区、写字楼等分别设置水表计量。地下室和一层配水点利用市政管网的水压直接供给，商业区、写字楼和幼儿园用恒压系统供水。

消防系统：消防系统主要由消防器械和智能喷水灭火系统组成。项目在建筑物内采用室内消火栓、手提式灭火器；在车库、商城办公楼、走道等其他公共活动场所采用湿式自动喷水灭火系统。

供热系统：项目住宅及商业用地用热主要为生活热水，主要以太阳能为主，电热为辅的供热系统。

供电系统：项目供电电源采用10KV双回路电源进行供电，属于一级负荷，配电室设置在项目地下室，室外设立环网设施。

环卫设施：项目在2—6地块西面设置了一栋2层楼房，一楼为垃圾收集房，二楼为公共卫生间，在2—5地块西北角设置一栋1层垃圾收集房。考虑到为方便住户和旅客，在绿化道路边设置相应垃圾桶。

六　项目创新意义

"创新"代表着"创造"与"革新"，在购物中心同质化竞争日益激烈的今天，"创"商业地产新结构，"革"商业地产惯性思维之藩篱，是很多致力于构建差异化核心竞争力的商业项目孜孜不倦的追求。

（一）环境创新：法式风情下的地标云集之地

在项目筹备之初，开发商冠江集团就邀请了法国著名建筑设计师欧博进行了精心规划，为昆明消费者造就了一个浪漫、梦幻的公园式商业地标。

（二）业态创新：强调接驳世界文化引导互动体验

作为一个公园式的综合性多功能开放式商业街区，"公园1903"在环境打造上已经颠覆了很多传统商业项目的固有模式，因此在业态规划上，该项目也可谓是别出心裁，创新不断。

（三）文化创新：汇聚现代前沿文化元素的文化中心

"公园1903"商业项目以滇越铁路法式文化元素为主线，设置了近300亩的大型综合商业。而文化在整个项目中的地位，也可谓是举足轻重，文化创新成为项目又一个亮点。光影、文创、旅游等众多文化元素的聚集，让"公园1903"成为一个文化中心。这里有滇越主题文化街区，滇越铁路沿线风物集萃再现云南民俗风貌。这里有"米轨"铁路串联起中法百年交集的特有文化街；同时整合了云南丰富的"文化/艺术/自然"资源，融合了云南特有的多元文化，并提供特色产品和特色的体验服务。

（四）体验创新：打造最具诱惑力的休闲娱乐目的地

"公园1903"，是中国首个集成式公园生活范本，一个开放式体验型Park Mall，因此体验创新也是项目极具看点的一个方面，丰富的体验式业态为春城消费者带来了全方位的休闲娱乐方式。

七 项目示范意义

（一）商业自持示范

商业自持对开发商而言是莫大的考验，但要成为真正的城市休闲地标，商业自持是必选之路，因为这是实现可持续运营的保障，上海新天地、成都宽窄巷子、武汉楚河汉街无一例外。这也就决定了城市休闲地标的开发商一定是实力派，资金、招商、后期运营能力，一个都不能弱。

"公园1903"由冠江集团自主经营、统一管理，园区内全自持商业，一体化规范运营模式，业态规划纯粹合理，以一站式购物理念、现代化商业空间排布、丰富的业态打造昆明公园购物生活城市。"公园1903"选择商业自持，实为向"新昆明城市休闲地标"的目标迈进一步，也是行业里商业自持的一个良好典范。

（二）旅游产业全域融合示范

大力推进旅游与有关产业融合发展，催生旅游新业态、新产品，发展观光、休闲、体验、生态等特色项目旅游产品。

支持开发民族工艺品、高原特色食品、地方药材、茶叶饮品、花卉精油等具有较高附加值的特色旅游文化商品。

积极推动工业旅游项目开发，大力扶持旅游装备制造业和旅游商品生产加工业发展。加快发展房车自驾车等旅游产品，积极引进和培育大型国际体育旅游赛事，建设高科技影院，举办国际性电影展，开辟特色旅游线路，打造体育旅游品牌。

依托云南省自然生态环境、地热温泉和民族医药资源，加快引进国内外先进医疗技术和手段，积极发展特色医疗旅游。

大力推动旅游与文化、教育、金融、保险、通信、邮政等服务业实现融合互动发展，努力形成资源共享、市场共建、互为支撑、互利共赢的良好局面。

（三）设计模式示范

化整为零：将地块按功能划分，分项、分阶段设计，保持各功能独立性的同时建立各功能体之间的联系。大三角格局：以凯旋门为中心，北向连通教堂、东西向连通奥特莱斯的大三角格局，增加并强化体验维度，形成由三个角点向中心，由古典至现代的过渡和穿越，增强商业街区的体验丰满度。

古典与现代结合：具体手法采用骑楼、下沉、庭院、钟楼、坡屋顶、老虎窗、空中廊桥、窗台、洞口、古典片段与现代元素的混搭。

空间层次感：进一步切分建筑体量，形成高低错落、前后参差的空间层次，强化关注与体验。

八 试点提升方案

（一）创新旅游产品方向提升

可从地理、人口、心理等方面列出影响产品市场需求和顾客购买行为的各项变数。对不同的潜在顾客进行抽样调查，并对所列出的需求变数进行评价，了解顾客的共同需求。通过调查、分析、评估各细分市场，最终确定可进入的细分市场，并制定相应的营销策略。

结构创新。从旅游产品的结构来看，产品结构创新主要是对现有旅游产品的补充,即选择性旅游产品的开发。对原有产品的组合状况进行整合,加强度假、商务、会议、特种旅游等多种旅游产品的开发,完善产品的结构。

类型创新。产品类型是由旅游目的地的市场和资源的双向比较因素决定的,而旅游经营者和管理者的旅游观念是其形成的主观因素,产品类型直接决定了旅游目的地旅游业的性质和特点。产品类型的创新主要是对原有产品质量的全面提升和开发新产品。

功能创新。运用最新的高科技手段多角度地开发旅游景点和休闲活动的文化内涵,对某些特殊景点和服务设施进行多功能化的综合设计;运用相应的宣传促销理念和手段引导游客,帮助旅游服务人员树立新的旅游理念,提高服务人员的旅游文化档次,增强景点与游客的沟通。

过程创新。坚持以市场为导向,在不改变产品本质的情况下,对产品生产的过程重新认识、重新设计,以更有效地满足消费者的需求为出发点,强调过程对市场的适应力。

主题创新。在主体资源不变的情况下,根据旅游产品时尚周期理论的指导思想,随着市场形势的变化,适时推出新的产品,在动态中把握并引导旅游需求,充分依托市场,引领消费时尚,这一点对于主题公园等人造景观来说尤为关键。

(二) 健康旅游持续发展方向提升

加大文化旅游资源保护力度。当前,一些地方在开发本地文化旅游资源时存在急功近利的思想和行为,重开发、轻保护,有的地方甚至只顾开发,不管保护,使生态环境和文化旅游资源遭到破坏,严重影响了文化旅游业的健康持续发展。丰富多彩的自然、文化景观和良好的生态环境是文化旅游业生存和发展的基础。这些资源一旦遭到破坏,文化旅游业的健康持续发展将无从谈起。因此,加强文化旅游资源保护势在必行。在文化旅游资源开发过程中,应牢固树立"保护是前提、科学合理规划是关键、有序适度开发是核心"的理念,把自然的馈赠与历史的遗产保护好、利用好、发展好。少数民族地区文化是文化旅游资源的重要组成部分，加强文化旅游资源保护应着重加强对少数民族地区文化旅游资源的保护。应充分尊重少数民族地区居民的发展要求，尊重他们的风俗习惯和文化传统。同时，应加强对少数民族地区居民进行民族文化旅游资源保护的普及性教育，提高他们保护本民族文化旅游资源的自觉性和主动性。

第七章 结论

本章是对全书内容的归纳与总结。在此基础上，笔者对本书所涉及的创新点进行梳理，并指出不足之处，对健康旅游未来的研究方向提出设想。

第一节 主要研究结论

基于前文的研究，笔者进行了归纳总结，得出的结论主要包括理论方面、实证方面和路径方面。

一 理论研究结论

从理论方面来看，健康旅游发展是由产业、服务、环境共同作用而成的。健康旅游是健康与旅游融合的产物，借助产业驱动、服务融合和环境协同三大动力源，在主线和副线两个层面实现发展。其中，产业是健康旅游发展的驱动性因素，促使健康产业与旅游产业发生产品优势置换、客源市场互补、产品整合共享；服务是健康旅游发展的融合性因素，加快健康服务与旅游服务产生服务单向附加、对外形象重塑、供应品质再造；环境是健康旅游发展的协同性因素，推动健康环境与旅游环境发生场景构建互通、内外协同共域、生态协调同构。

二 实证研究结论

从实证方面来看，可得以下三个结论：第一，健康旅游发展轨迹具有不完全一致性。在时间变化方面，健康旅游发展主要存在"稳健型""正V型""倒V型"三种类型，三者包含区域呈现梯度减少；从数值来看，健康旅游耦合协同程度偏低，多区域未达到协调状态，上升趋势不明显。第二，健康旅游空间分异表现较为明显。以云南为例，从空间布局来看，云南省各州市排名变化不大，部分区域出现降级，仅临沧等地实现攀升；从全局空间自相关来看，云南省多年数值为负值，空间聚集性不明显，并存在一定的分散性；从网络关联来看，云南省各州市网络关联程度出现很大变化，网络密度实现大幅度增长，关联网络进一步完善，已出现多个网络关联中心。第三，健康旅游因子驱动存在较大差异。"服务解释力"在前期数值最大，扮演"领跑者"的角色，但后期其作用逐步落后于"产业解释力"，扮演"跟随者"的角色；三者之中"环境解释力"不断变小，对健康旅游发展水平的影响不断变小。同时，结合医疗旅游——温泉山谷、健康运动——嘉丽泽、养老宜居——古滇名城、特色产业——斗南花卉、休闲购物——公园1903五个试点教学案例，提出云南健康旅游发展提升对策。

三 路径研究结论

从路径方面来看，本书得出以下几个结论：一是进行总体布局是健康旅游发展的保证。针对协同度较低、聚集程度较低、产业贡献大的问题，应推进协同发展、关联发展、全面发展。二是扩大产业规模是健康旅游发展的有力支撑。针对产业适应性、产业差异性、产业持续性的问题，应推进地方吸引力、核心竞争力、融合创新力的提升。三是提高服务能力是健康旅游发展的未来力量。针对服务复合化、服务全程化、服务体验化问题，应推进地方承载力、过程维持力、生活智享力的提升。四是推进环境质量提升是健康旅游发展的保障力量。

针对环境宜居度、环境亲和度、环境融合度问题，应提升生态保护力、社区包容力和环境协调力。

第二节 研究创新与贡献

一 研究视角创新

从融合视角来研究健康旅游，是本书的创新点。从融合角度来看，健康旅游是健康与旅游融合的产物，是伴随着健康产业与旅游产业的发展演化而成。健康旅游融合具有必然性，表现为纵向同步性和横向相似性。健康与旅游的融合不仅为研究健康旅游理论体系提供了研究途径，更为健康旅游发展水平评价提供了理论思路。

二 指标体系创新

从整合角度建立指标体系，是本书的协同研究创新点。本书从理论上构建了健康旅游的发展理论，为指标体系构建提供了理论支撑。健康旅游发展存在产业驱动、服务融合、环境协调三大动力源。产业驱动为适应市场需求，形成纵向根源性动力；服务融合为实现产业渗透，形成横向交叉性动力；环境协调为引导产业发展，形成方向性引领性动力。健康旅游的发展包含产业、服务、环境三个方面，并存在"产业—服务—环境"的演变原理。

三 研究方法创新

从时间、空间、结构建立分析模型，是本书研究方法应用的创新点。在测度健康旅游发展水平时使用计算模型与分析模型结合的方式，可能会成为本书的一个创新点。本书为对云南省健康旅游发展水平进行全方位的测度，在建立发展水平计算模型的基础上，采用空间自相关技术、地理探测器法、社会网络分析法等构建耦合协调模型、网络关联模型、因子探测模型。

第三节 研究局限与展望

在我国,健康旅游已成为一种发展趋势,并引发了全社会的广泛关注。在当前实施"健康中国"战略的背景下,把握这一概念的内涵并将其与相关概念之间的关系厘清是非常有必要的。一方面,我国通过"健康中国"战略,大力推进健康事业的发展,为健康旅游发展提供了非常有利的政策环境和舆论环境。另一方面,中国一些地区希望以健康旅游为突破口,推动传统旅游目的地转型升级。当然,国内一些地区所推出的健康旅游已超出了其原有内涵,为广义的健康旅游,但可看出健康旅游已成为各地区旅游转型升级的重要手段。与此同时,为促进健康旅游在中国的进一步发展,需要包括旅游学者在内的相关专家发挥各自领域的优势,积极开展健康旅游及其相关具体形态的研究。

一 相关理论研究

伴随实践的快速发展,健康旅游理论研究将成为未来研究重点之一。本书仅从融合角度来探讨健康旅游,对健康旅游的发展进行了详细分析,在一定程度上实现了研究预期目标。但随着发展,发现健康旅游发展并不能完全解决所有的问题,在带给旅游新生命的同时,也给社会带来一些问题。比如,在一些地方发展过程中的"地方污名化"问题,由于人们对健康的错误看法,将部分旅游地看作"病区",从而对当地旅游的发展造成一定程度的困扰。对于这些问题,健康旅游相关理论还需进一步提供解释。

二 发展评价研究

伴随地方政府的重视,健康旅游发展评价研究将成为未来研究重点之一。本书对健康旅游发展水平评价采用独立指标方式,分别从健康和旅游两个方面进行探讨，并借助耦合协调工具、空间莫兰指数、社会网络技术、地理探测器和其他研究方法分析，但忽略了健康旅游发展过程中的共同指标。伴随着健康旅游发展，健康指标和旅游指标的融合性将不断增加，区分度将进一步降低，需要对共同指标进行一定程度的补充。笔者将在以后的研究中，继续深化健康旅游发展评价研究，以推动相关研究的进一步发展。

三　发展影响研究

随着研究的不断深入，健康旅游发展影响将成为未来研究重点之一。从旅游发展来看，旅游在发展到一定程度时均会对当地经济、社会、文化、环境造成一定程度的影响，健康旅游也不例外。由于健康旅游本身的特点，该课题还会涉及多个方面，尤其对医疗相关体制会产生影响。比如，在一些地方出现了"医疗资源挤占"和"医疗公平性"问题，导致医疗企业趋向于服务外地具有更高支付能力的旅游者，而相应减少对当地人的服务内容，使当地人无法享受本该属于自己的医疗资源。

参考文献

一 中文著作

李天元：《中国旅游可持续发展研究》，南开大学出版社2004年版。

刘军编著：《整体分析讲义：UCINET软件实用指南》（第二版），格致出版社、上海人民出版社2014年版。

苏东水主编：《产业经济学》（第四版），高等教育出版社2015年版。

薛群慧、卢继东、杨书侠编著：《健康旅游概论》，科学出版社2014年版。

钟晖、田里：《旅游飞地效应研究》，中国旅游出版社2021年版。

二 中文论文

白鸥：《健康旅游研究综述》，《旅游研究》2010年第3期。

曹华、刘渝琳：《基于外部性的要素禀赋理论对我国贸易战略的影响》，《世界经济研究》2005年第7期。

陈建波、明庆忠：《基于改进层次分析法的健康旅游资源评价研究》，《地理与地理信息科学》2018年第4期。

陈岩峰：《近年旅游可持续发展研究综述》，《资源开发与市场》2009年第1期。

董晓梅：《云南健康旅游发展探析》，《西南农业大学学报》（社会科学版）2012年第5期。

范柏乃、马庆国：《国际可持续发展理论综述》，《经济学动态》1998

年第 8 期。

郭鲁芳、虞丹丹：《健康旅游探析》，《北京第二外国语学院学报》2005 年第 3 期。

胡宏、徐建刚：《复杂理论视角下城市健康地理学探析》，《人文地理》2018 年第 6 期。

黄力远、徐红罡：《巴马养生旅游——基于康复性景观理论视角》，《思想战线》2018 年第 4 期。

江雯：《体育活动中主体"人"的哲学内涵及地位》，《沈阳体育学院学报》2018 年第 1 期。

金媛媛、王淑芳：《乡村振兴战略背景下生态旅游产业与健康产业的融合发展研究》，《生态经济》2020 年第 1 期。

孔令怡、吴江、曹芳东：《环渤海地区沿海城市滨海养生旅游适宜性评价研究》，《南京师大学报》（自然科学版）2017 年第 2 期。

李东：《论健康旅游的类型、市场和概念》，《国土与自然资源研究》2016 年第 1 期。

李慧芳、杨效忠、刘惠：《健康旅游的基本特征和开发模式研究》，《皖西学院学报》2017 年第 5 期。

李继国、张圣海：《恩施州构建中国健康旅游基地战略选择与可持续发展研究》，《湖北民族学院学报》（哲学社会科学版）2008 年第 4 期。

李凌雁、翁钢民：《中国旅游与交通发展耦合性分析及时空格局演变研究》，《统计与决策》2020 年第 2 期。

李勇泉、张雪婷：《旅游安全网络关注度空间差异及影响因素——基于地理探测器方法的研究》，《华侨大学学报》（哲学社会科学版）2018 年第 4 期。

刘建国、张永敬：《医疗旅游：国内外文献的回顾与研究展望》，《旅游学刊》2016 年第 6 期。

刘晓霞、邹小华、王兴中：《国外健康地理学研究进展》，《人文地理》

2012 年第 3 期。

卢丹梅：《健康旅游规划之初探》，《四川建筑》2004 年第 4 期。

陆晓梅、张鑫、高淑春：《森林养生旅游开发潜力评价研究》，《林业经济问题》2017 年第 1 期。

罗明义、罗冬晖：《关于发展"大健康旅游"之我见》，《旅游研究》2017 年第 2 期。

马健：《产业融合理论研究评述》，《经济学动态》2002 年第 5 期。

马耀峰、林志慧、刘宪锋等：《中国主要城市入境旅游网络结构演变分析》，《地理科学》2014 年第 1 期。

毛晓莉、薛群慧：《国外健康旅游发展进程研究》，《学术探索》2012 年第 11 期。

明庆忠、李婷：《基于大健康产业的健康地理学与健康旅游发展研究》，《学术探索》2019 年第 1 期。

单亚琴、姚国荣：《国内健康旅游研究综述》，《牡丹江大学学报》2015 年第 7 期。

孙丽娟：《可持续发展理论与战略研究综述》，《长白学刊》1998 年第 4 期。

孙源源、陈浩、倪雯洁等：《江苏省中医药健康旅游竞争力实证分析及策略研究》，《亚太传统医药》2019 年第 10 期。

谭见安：《健康、环境、发展——当代医学地理的主题》，《地理学报》1994 年第 S1 期。

田海平：《现代医疗技术的伦理形态及其挑战》，《东南大学学报》（哲学社会科学版）2017 年第 3 期。

田里、张鹏杨：《旅游产业融合的文献综述与研究框架构建》，《技术经济与管理研究》2016 年第 9 期。

王劲峰、徐成东：《地理探测器：原理与展望》，《地理学报》2017 年第 1 期。

王俊、徐金海、夏杰长：《中国区域旅游经济空间关联结构及其效应研究——基于社会网络分析》，《旅游学刊》2017 年第 7 期。

王艳、高元衡：《健康旅游概念、类型与发展展望》，《桂林旅游高等专科学校学报》2007 年第 6 期。

王震：《医疗保险与医疗救助：理论、现实与政策》，《中国医疗保险》2019 年第 7 期。

吴之杰、郭清：《我国健康旅游产业发展对策研究》，《中国卫生政策研究》2014 年第 3 期。

薛群慧、白鸥：《论健康旅游的特征》，《思想战线》2015 年第 6 期。

杨强：《体育旅游产业融合发展的动力与路径机制》，《体育学刊》2016 年第 4 期。

杨荣斌：《健康旅游理论初步研究——对相关概念范畴的辨析》，《长春理工大学学报》（社会科学版）2014 年第 3 期。

杨懿、田里、胥兴安：《养生旅游资源分类与评价指标体系研究》，《生态经济》2015 年第 8 期。

杨振之：《中国旅游发展笔谈——旅游与健康、养生》，《旅游学刊》2016 年第 11 期。

曾红：《浅谈中医药健康服务与旅游的融合发展途径》，《经济研究导刊》2019 年第 33 期。

张希、林立、杨昕：《健康中国背景下健康旅游示范基地的形象感知研究——以福建平潭为例》，《湖州师范学院学报》2018 年第 10 期。

张琰飞、朱海英：《西南地区文化产业与旅游产业耦合协调度实证研究》，《地域研究与开发》2013 年第 2 期。

张志亮：《老年人养生旅游的公共性分析》，《旅游学刊》2016 年第 11 期。

郑艳婷、王韶菲、戴荔珠等：《长江中游地区制造业企业时空演化格局》，《经济地理》2018 年第 5 期。

钟晖、孟帅康：《健康旅游耦合协调度与空间分异研究——以云南省为例》，《生态经济》2021 年第 2 期。

钟晖、王媛：《健康旅游研究综述》，《昆明理工大学学报》（社会科学版）2020年第5期。

周彬、赵宽、钟林生等：《舟山群岛生态系统健康与旅游经济协调发展评价》，《生态学报》2015年第10期。

周晓琴、明庆忠、陈建波：《山地健康旅游产品体系研究》，《资源开发与市场》2017年第6期。

朱青晓：《旅游目的地系统空间结构模式探究》，《地域研究与开发》2007年第3期。

三 英文著作

álvarez, Melisa Martínez, Richard D. Smith and Rupa Chanda, *Medical Tourism and Transnational Health Care*, Connecticut: Palgrave Macmillan, 2013.

Brand, Stewart, *The Media Lab: Inventing the Future at MIT*, New York, N. Y: Viking, 1987.

Erfurt-Cooper, P. M. Cooper, *Health and Wellness Tourism: Spas and Hot Springs*, Bristol, Buffalo and Toronto: Channel View Publications, 2009.

N. Lunt, D. Horsfall D. Hanefield, *Handbook Medical Tourism and Patient Mobility*, Cheltenham: Edward Elgar Publishing, 2015.

R. Bushell, P. Sheldon Eds., *Wellness and Tourism: Mind, Body, Spirit, Place*, New York: Cognizant Communication Corporation, 2009.

Smith, Melanie and László Puczkó, *Health and Wellness Tourism*, London; New York: Routledge, 2008.

Turner, Leigh, *Medical Tourism and Transnational Health Care*, Berlin, German: Springer, 2013.

四 英文论文

Beladi, Hamid, Chi-Chur Chao and Mong Shan Ee, et al., "Does Medical Tourism Promote Economic Growth? A Cross-Country Analysis",

Journal of Travel Research, Vol. 58, No. 1, 2019.

Borg, Erik A. and Kjell Ljungbo, "International Market-oriented Strategies for Medical Tourism Destinations", *International Journal of Market Research*, Vol. 60, No. 6, 2018.

C. A. Gunn and T. Var, *Tourism planning: Basics, Concepts, Cases*, New York: Psychology Press, 2002.

Carrera, Percivil M. and John Fp Bridges, "Globalization and Healthcare: Understanding Health and Medical Tourism", *Expert Review of Pharmacoeconomics & Outcomes Research*, Vol. 6, No. 4, 2014.

Chow, Chi Lei Julie, Guilherme D. Pires and Philip J. Rosenberger Iii, "Towards a Rigorous Conceptual Framework for Examining International Medical Travel", *International Journal of Behavioural and Healthcare Research*, Vol. 5, No. 1-2, 2015.

Cohen, Erik Cohen Erik, "Medical Tourism in Thailand," *AU-GSB e-journal*, Vol. 1, No. 1, 2008.

Connell, John, "Medical tourism: Sea, Sun, Sand and…Surgery", *Tourism Management*, Vol. 27, No. 6, 2006.

Didaskalou, Eleni A. and Panagiotis Nastos, "The Role of Climatic and Bioclimatic Conditions in the Development of Health Tourism Product", *Anatolia: an international journal of tourism and hospitality research*, Vol. 14, No. 2, 2003.

Dunn, Halbert L., "High-level Wellness for Man and Society", *American Journal of Public Health and the Nation's Heallh*, Vol. 49, No. 6, 1959.

Eom, Taeyeon, Jongsik Yu and Heesup Han, "Medical Tourism in Korea-recent Phenomena, Emerging Markets, Potential Threats, and Challenge Factors: A Review", *Asia Pacific Journal of Tourism Research*, Vol. 24, No. 6, 2019.

Finnicum, Paul and J. C. Zeiger, "Tourism and Wellness: A Natural Alliance in a Natural State", *Parks and Recreation*, Vol. 31, No. 9, 1996.

Gabor, Manuela Rozalia and Flavia Dana Oltean, "Babymoon Tourism Between Emotional well-being Service for Medical Tourism and NicheTourism. Development and Awareness on Romanian Educated Women", *Tourism Management*, Vol. 70, 2019.

Goodrich, J. N. and M. Uysal, "Health Tourism: A New Positioning Strategy for Tourist Destinations", *Journal of International Consumer Marketing*, Vol. 6, No. 3 -4, 1994.

Hall, C. M., B. Weiler and C. M. Hall, "Adventure, Sport and Health Tourism", *Adventure, Sport and Health Tourism*, 1992.

Henderson, Joan C., "HEALTHCARE TOURISM IN SOUTHEAST ASIA", *Tourism Review International*, Vol. 7, No. 3, 2003.

Heung, Vincent C. S., Deniz Kucukusta and Haiyan Song, "Medical Tourism Development in Hong Kong: An Assessment of the Barriers", *Tourism Management*, Vol. 32, No. 5, 2011.

Hofer, Susanne, Franziska Honegger and Jonas Hubeli, "Health Tourism: Definition Focused on the Swiss Market and Conceptualisation of Health (i) ness", *Journal of Health Organization and Management*, 2012.

Inhorn, Marcia C., "Globalization and Gametes: Reproductive 'Tourism', Islamic Bioethics, and Middle Eastern Modernity", *Anthropology & Medicine*, Vol. 18, No. 1, 2011.

Konu, Henna, Anja Tuohino and Raija Komppula, "Lake Wellness—A Practical Example of a New Service Development (NSD) Concept in Tourism Industries", *Journal of Vacation Marketing*, Vol. 16, No. 2, 2010.

Liang, Zeng-Xian, Tak-Kee Hui and Pei-Zhi Sea, "Is Price Most Important? Healthcare Tourism in Southeast Asia", *Tourism Geographies*, Vol. 19, No. 5, 2017.

Loh, Chung-Ping A., "Trends and Structural Shifts in Health Tourism: Evidence From Seasonal Time-series Data on Health-related Travel Spending by Canada During 1970—2010", *Social Science & Medicine*, Vol. 132, 2015.

Lovelock, Brent and Kirsten Lovelock, "'We Had a Ball…As Long as You Kept Taking Your Painkillers' Just How Much Tourism is There in Medical Tourism? Experiences of the Patient Tourist", *Tourism Management* (1982), Vol. 69, 2018.

Manna, Rosalba, Mauro Cavallone and Maria Vincenza Ciasullo, et al., "Beyond the Rhetoric of Health Tourism: Shedding Light on the Reality of Health Tourism in Italy", *Current Issues in Tourism*, 2019.

Mueller, Hansruedi and Eveline Lanz Kaufmann, "Wellness Tourism: Market Analysis of a Special Health Tourism Segment and Implications for the Hotel Industry", *Journal of Vacation Marketing*, Vol. 7, No. 1, 2001.

Sharma, Pramod and Jogendra Kumar Nayak, "Testing the Role of Tourists' Emotional Experiences in Predicting Destination Image, Satisfaction, and Behavioral Intentions: A Case of Wellness Tourism", *Tourism Management Perspectives*, Vol. 28, 2018.

Stancioiu, A. F., C. A. Baltescu and A. Botoş, et al., "A Specte Conceptuale Privind Marketingul Turismului Balnear in România," *Economie teoretică şi aplicată*, Vol. 20, No. 2, 2013.

Suess, Courtney, Seyhmus Baloglu and James A. Busser, "Perceived Impacts of Medical Tourism Development on Community Wellbeing", *Tourism Management*, Vol. 69, 2018.

Tribe, J., "The Indiscipline of Tourism", *Annals of Tourism Research*, Vol. 24, No. 3, 1997.

Wongkit, Methawee and Bob Mckercher, "Toward a Typology of Medical Tourists: A Case Study of Thailand", *Tourism Management*, Vol. 38, 2013.

Yeung, O. and K. Johnston, "The Global Wellness Tourism Economy Report 2013 and 2014", *Global Wellness Institute*, 2015.